Aufläufe

& Ofengerichte

Brandheiße Knusperrezepte –
einfach gut in Form

Text	Fotos
Tanja Dusy	L'EVEQUE Tanja & Harry Bischof

Titelbild
Die auf dem Umschlag abgebildete »Ratatouille-Lasagne« finden Sie auf Seite 79.

Alles Gute kommt aus dem Ofen

Gut vorbereiten, gespannt warten und entspannt genießen

Ofengerichte sind einfach unschlagbar. Klar, ganz von alleine machen sie sich auch nicht. Aber ist erst einmal alles in der Röhre, können Sie sich im Regelfall ganz entspannt und voller Vorfreude zurücklehnen. Denn schon bald steht eine komplette Mahlzeit auf dem Tisch: ein ganzes Blech aromatisches Ofengemüse, knusperkrustiger Nudelauflauf oder saftig gratinierter Fisch. Vielleicht noch ein frischer Salat dazu, mehr braucht es nicht. Ideal also für die praktische Alltagsküche und Familien, aber genauso gut geeignet für Gäste, mit denen man gemütlich ein Gläschen Wein trinken kann, während nebenan alles friedlich im Ofen schmurgelt.

Egal, ob Vorspeise, Hauptgericht oder Dessert, mit ofenfrischen Leckereien kann man immer punkten. Und für jede Jahreszeit gibt's die passenden Gerichte, wenn möglichst saisonale Zutaten in den Ofen wandern. Besonders bei kühlen, winterlichen Temperaturen sind Auflauf, Gratin & Co. die absoluten Stars. Doch kommt es bei den Ofenklassikern immer wieder zu Begriffsverwirrungen. Grundsätzlich gilt: Bei einem Gratin werden die meist vorgegarten Zutaten flach in der Form ausgelegt und unter einer knusprigen Kruste bei großer Hitze in relativ kurzer Zeit überbacken bzw. gratiniert. Aufläufe dagegen sind durch Zugabe von Eiern meist kompakter und garen deshalb auch gemütlich etwas länger vor sich hin. Soufflés sind hauchzarte, sensible Aufläufe, die durch viel Eischnee luftig und locker werden.

Zum Zubereiten der meisten Ofengerichte brauchen Sie kein besonderes Arbeitsgerät – nur feuerfeste Formen sind ein Muss. Ob rund, eckig, aus feuerfestem Glas, Keramik oder Porzellan spielt dabei kaum eine Rolle. Für Gratins empfehlen sich größere, flache Formen. Denn liegen die Zutaten schön flach und mit möglichst großer Oberfläche aus, gratinieren sie schneller und bräunen schön. Auflaufformen sollten dagegen einen höheren Rand haben, so dass alle Zutaten samt Guss ausreichend Platz haben. Soufflés brauchen Formen mit hohen, geraden Wänden, an denen der Inhalt beim Backen ungehindert in die Höhe gehen kann. Die Formen sollten Sie daher auch immer nur zu etwa zwei Dritteln füllen. Schön sind auch kleine Portionsförmchen, von denen der Fachhandel eine breite Palette anbietet – praktischer Ersatz dafür sind ofenfeste Tassen. Im Regelfall sollten die Formen immer mit Fett – egal, ob Öl oder Butter – ausgefettet werden. Es sei denn, man verwendet spezielle, beschichtete Formen oder Silikonformen. So gerüstet, füllen Sie die Formen einfach mit all dem, was Sie mögen – und ab damit in den Ofen!

Gut zu wissen: Standardmäßig werden beim Großteil der Rezepte in diesem Buch zwei unterschiedliche Formengrößen angegeben: **große Auflaufform (ca. 25 x 35 cm)** mit **4 l** Inhalt und **kleine Auflaufform (ca. 20 x 25 cm)** mit **2 l** Inhalt. Zusätzlich sind **Gratinschälchen (15–17 cm Ø)** sinnvoll.

Einfach gut in Form

Wie Auflauf, Gratin & Co. sicher und mit Leichtigkeit gelingen

Früher schätzte man Aufläufe vor allem als preiswerte Resteverwertung: Nudeln oder Pellkartoffeln vom Vortag, etwas Gemüse oder ein wenig Schinken wanderten gemischt in eine Form. Darüber ein schlichter Guss aus Eiern, Milch und Käse – Zutaten, die in fast jedem Haushalt immer vorrätig waren. Ruck, zuck stand so eine ganze Mahlzeit auf dem Tisch. Vielleicht ein wenig feiner, auch mal mit Fisch und Fleisch, lieben wir dieses Prinzip bis heute – nicht zuletzt als praktische Form der Gästebewirtung. Das Grundprinzip bleibt aber stets gleich und folgt drei einfachen Schritten:

1. Gute Vorbereitung ist die Hauptsache.
Damit später im Ofen alles gleichmäßig gart, müssen die Zutaten vorher klein und mundgerecht geschnitten, häufig sogar vorgegart werden. Nudeln, Reis und Kartoffeln werden gekocht. Gemüse mit längeren Garzeiten in Salzwasser gegart (blanchiert) oder sogar angebraten. Das bringt zusätzliches Aroma. Reste vom Vortag sind natürlich auch immer herzlich willkommen!

2. Die perfekte Bindung. Damit ein Auflauf auch zusammenhält, was seine Zutaten an Geschmack versprechen, braucht es einen passenden Guss. Einfachste Lösung: Die möglichst vorgegarten Zutaten in eine flache Form geben, mit geriebenem Käse bestreuen und überbacken – voilà, das einfachste Gratin der Welt. Oder alles in Schichten, jeweils mit Käse bestreut, in die Form geben und zuletzt nochmals Käse darüber verteilen (wie z. B. für Käsespätzle). Kompakter wird es mit einem Guss aus Eiern, Milch, Sahne, einem anderen Milchprodukt oder einer Béchamelsauce (s. S. 11). Hier kann man mit unterschiedlichsten Würzungen herrlich variieren. Wichtig: Immer möglichst kräftig würzen, damit der fertige Auflauf nicht fade schmeckt.

3. Ab in den Ofen. Jetzt bleibt nur noch wenig zu tun. Sie müssen den Auflauf lediglich 10–15 Min. vor Ende der angegebenen Garzeit in Augenschein nehmen. Ist er noch sehr hell? Dann am besten die Temperatur um 20° erhöhen. Ist er dagegen schon sehr dunkel und droht bald zu verbrennen, legen Sie einfach ein Stück Back- oder Pergamentpapier darüber. Nach dem Backen lassen Sie Ihren Auflauf am besten noch 5–10 Min. im ausgeschalteten Ofen oder draußen stehen. So verbindet sich ausgetretene Flüssigkeit wieder mit den Zutaten, und geschmolzener Käse wird wieder fester. Der Auflauf lässt sich so besser schneiden.

Und kein Problem, wenn vom fertigen Auflauf doch einmal Reste übrig geblieben sind: Zum Aufwärmen die Form einfach locker mit Alufolie abdecken, in den kalten Ofen stellen und mit der Temperaturstufe erhitzen, bei der der Auflauf gegart wurde. Bei Aufläufen mit Käsekruste diese besser vorher entfernen, sie wird nur weich und schlimmstenfalls bitter. Stattdessen lieber frischen Käse darüberstreuen, und der Auflauf schmeckt wie frisch gemacht.

Käse für cremigen Schmelz und knusprige Krusten

Kaum ein Ofengericht kommt ohne Käse aus. Nicht nur in Form der typischen, goldbraunen Haube, die Aufläufen und Gratins Aroma und den unvergleichlichen Knusperfaktor verleiht. Bei vielen Gerichten sorgt etwas Käse für zusätzliche Bindung der einzelnen Zutaten und für eine wunderbar cremige Konsistenz. Maßgeblich für diesen besonderen Schmelz sind dabei Wassergehalt (meist als Wff angegeben, d. h. Wassergehalt in der fettfreien Käsemasse) und Fettgehalt (angegeben als Fett i. Tr.) der verwendeten Käsesorte.

Je nach Höhe ihres Wassergehalts unterscheidet man Hart-, Schnitt-, Weich- und Frischkäse. Und je höher der Fettgehalt, desto besser für das Geschmackserlebnis. Deshalb lieber bei anderer Gelegenheit auf Kalorien achten und auf keinen Fall fettreduzierten Käse verwenden, sondern immer Käse mit Vollfettstufe – also mindestens 45 %. Dann heißt es nur noch, die richtige Aromawahl treffen und dem Auflaufglück steht nichts mehr im Wege.

1 | Hartkäse (höchster Anteil an Trockenmasse, meist vollfett) sind ideal für Aufläufe und speziell zum Überbacken, da sie langsam und gleichmäßig schmelzen. Klassiker sind Emmentaler, der scharf würzige Appenzeller oder der Raclette-Käse. Greyerzer aus den französisch-schweizerischen Alpen heißt jenseits der Grenze Gruyère und schmeckt leicht salzig-würzig und sehr aromatisch. Spanischer Manchego, italienischer Parmesan oder Pecorino sind sehr trocken und schmelzen daher weniger gut. Sie eignen sich aber prima für bröselige Käsehauben.

2 | Schnittkäse (mehr Wassergehalt) zerlaufen schön gleichmäßig cremig. Häufig sind sie fein mild im Aroma, wie z. B. italienischer Fontina, deutscher Butterkäse oder Gouda aus Holland, der je nach Reifegrad von zart bis nussig würzig schmeckt. Trockener alter Gouda dagegen zählt zu den Hartkäsen!

3 | Weichkäse wie die milden Schimmelkäse, Camembert und Brie oder die rezenten Rotschmierkäse Münster und Limburger enthalten sehr viel Fett. Der bringt sie bei starker Hitze schnell ins Laufen. Also am besten nur für kurzes, nicht zu heißes Überbacken verwenden. Oder in ein Gericht einpacken, in dem sie langsam schmelzen und die übrigen Zutaten verbinden können.

4 | Blauschimmelkäse schmilzt ähnlich wie Weichkäse. Extrem würzige Sorten wie z. B. der italienische Gorgonzola oder der französische Roquefort, werden bei großer Hitze noch geschmacksintensiver. Im schlimmsten Fall schmecken sie sogar leicht bitter.

5 | Frischkäse Dazu zählen alle nicht gereiften Käse wie Quark, Schichtkäse, Mascarpone, Ricotta oder Frischkäse (Rahm- oder Doppelrahmstufe, auch aus Ziegenmilch). Sie sind vor allem für eine cremige Konsistenz in Ofengerichten verantwortlich, bräunen und schmelzen aber nur wenig.

6 | Schafkäse (Feta) ist ein leckerer Sonderfall: Ein Weichkäse, der in der Salzlake reift, in der er auch verkauft wird. Extrem würzig, entfaltet er beim Backen noch mehr Aroma, schmilzt aber kaum.

Grundrezept
Béchamelsauce

einfach | *Zubereitung: ca. 15 Min.* | *Pro Portion: ca. 375 kcal*

**Für 1 Portion
(ca. 250 ml Sauce)**

2 EL Butter
2 EL Mehl
250 ml Milch
Salz | Pfeffer
frisch geriebene Muskatnuss

1 Die Butter bei mittlerer Hitze in einem Topf schmelzen lassen. Das Mehl darüberstäuben und bei schwacher Hitze 2–3 Min. anschwitzen, aber nicht bräunen. Dabei beständig mit dem Schneebesen rühren (**Bild 1**).

2 Nach und nach die Milch zugießen. Dabei kräftig rühren, damit sich keine Klümpchen bilden (**Bild 2**). Einmal aufkochen lassen und mit Salz, Pfeffer und Muskat würzen.

3 Die Sauce offen bei schwacher Hitze 8–10 Min. ganz leicht köcheln lassen, dabei immer wieder umrühren (**Bild 3**). Sollten immer noch hartnäckige Klümpchen vorhanden sein, die Sauce am besten kurz mit dem Pürierstab durchschlagen.

Gut zu wissen

Wer **mehr Sauce** kochen möchte, sollte nicht automatisch alle Zutaten verdoppeln. So reichen für 750–800 ml Flüssigkeit 4 EL Butter und ca. 4 EL Mehl. Wer es nicht ganz so üppig mag, kann auch mal knapp die Hälfte der Milch durch Brühe ersetzen. Wenn's dagegen schön cremig werden soll, knapp die Hälfte Milch gegen Sahne tauschen.

Schnell und clever

Keine Lust, selbst **Béchamel** zu kochen? Es gibt auch fertige im **Tetrapak** zu kaufen.

Grundrezept
Tomatensauce

leicht & aromatisch | *Zubereitung: ca. 30 Min.* | *Pro Portion: ca. 380 kcal*

**Für 1 Portion
(ca. 750 ml Sauce)**

1 große Zwiebel
1 Knoblauchzehe
2 EL Olivenöl
800 g passierte oder stückige
  Tomaten (aus Dose oder
  Tetrapak)
70 ml Weißwein
  (nach Belieben)
1 Lorbeerblatt
3/4 TL getrockneter Oregano
Salz | Pfeffer
Zucker
2 Msp. Chilipulver
  (nach Belieben)

1 Die Zwiebel schälen und in möglichst feine Würfel schneiden. Den Knoblauch schälen und fein hacken. Das Öl in einem Topf erhitzen. Zwiebel und Knoblauch darin bei mittlerer Hitze andünsten (**Bild 1**). Die Tomaten zugeben (**Bild 2**) und nach Belieben Wein zugießen.

2 Lorbeerblatt und Oregano unterrühren und alles offen bei schwacher Hitze ca. 20 Min. ganz leicht köcheln und damit einkochen lassen. Dabei gelegentlich umrühren (**Bild 3**).

3 Die Tomatensauce mit Salz, Pfeffer, Zucker und für alle, die mehr Schärfe mögen, mit Chilipulver abschmecken. Das Lorbeerblatt entfernen und die Sauce je nach Rezept weiterverwenden.

Besonders clever!
Die **Sauce auf Vorrat kochen** und einfach portionsweise in Plastikbehältern einfrieren. Sie können auch ganze Tomaten aus der Dose verwenden und die Sauce am Ende pürieren. Mit **frischen Kräutern** wie Basilikum oder Petersilie lässt sie sich je nach Wunsch unterschiedlich aufpeppen. Wenn's **noch schneller** gehen soll: einfach passierte Tomatensauce mit Kräutern aus dem Tetrapak verwenden.

Auberginen-
Parmigiana

---

einfacher italienischer Sommerklassiker

Für 4 Personen **3 kleine Auberginen** (à ca. 200 g) längs in Scheiben schneiden. Die Scheiben nacheinander in **6–8 EL Olivenöl** beidseitig ca. 5 Min. anbraten, dann salzen und pfeffern. Aus der Pfanne nehmen und auf Küchenpapier abtropfen lassen. **250 g Mozzarella** trocken tupfen und in Scheiben schneiden. 1/3 **Bund Petersilie** waschen, trocken schütteln, hacken und unter **500 ml Tomatensauce** (s. S. 13) mischen. Sauce, Auberginen und Mozzarella abwechselnd in eine Auflaufform schichten, mit Mozzarella abschließen. **5 EL geriebenen Parmesan** darüberstreuen und im auf 200° vorgeheizten Ofen (Mitte, Umluft 180°) in 20–25 Min. gratinieren.

Sizilianischer
Fenchel

---

toll zu Gegrilltem, besonders zu Fisch

Für 4 Personen **4 Fenchelknollen** (ca. 1 kg) längs vierteln, putzen, waschen und trocknen. Portionsweise in **6–8 EL Olivenöl** rundum ca. 5 Min. anbraten. In eine Auflaufform legen. **750 ml Tomatensauce** (s. S. 13) mit dem **Saft von 1 Orange** und **100 g schwarzen Oliven** mischen und über den Fenchel geben. 1/3 **Bund Petersilie** waschen, trocken schütteln und hacken. Mit **150 g frisch geriebenem Parmesan, 80 g grob gehackten Mandeln** und der abgeriebenen **Schale von 1/2 Bio-Orange** mischen und über das Gratin streuen. Im auf 220° vorgeheizten Backofen (Mitte, Umluft 200°) ca. 25 Min. überbacken.

Gratinierter
Curry-Kohl

---

schnell gemacht

Für 4 Personen ca. **1 kg Spitzkohl oder junges Weißkraut** vierteln und den Strunk heraus-schneiden. Die Viertel waschen und in schmale Streifen schneiden. **1 Zwiebel** schälen, in feine Würfel schneiden und in einer großen Pfanne in **2 EL Butter** andünsten. Den Kohl zugeben und 3–5 Min. unter Rühren anbraten, mit **Salz** und **Pfeffer** würzen und in eine gebutterte Form geben. **250 ml Béchamelsauce** zubereiten (s. S. 11) und **1 EL Currypulver** unterrühren. Vom Herd nehmen. **2 Eier** und **125 g Sahne** verquirlen und unter die Sauce rühren. Die Sauce über den Kohl gießen. Im auf 190° vorgeheizten Ofen (Mitte, Umluft 170°) in 20–25 Min. gratinieren.

Spinat-Pilz-
Gratin

---

perfekte Beilage zu kurz gebratenem Fleisch

Für 4 Personen **450 g TK-Blattspinat** auftauen, gut ausdrücken und in 4 Gratinförmchen ver-teilen. **400 g Champignons** sauber abreiben und in Scheiben schneiden. **1 Zwiebel** und **1 Knoblauchzehe** schälen und hacken. Beides in **2 EL Butter** andünsten. Die Pilze zugeben, mit **Salz, Pfeffer** und **1 TL gekörnter Gemüse-brühe** würzen. Offen bei mittlerer Hitze ca. 5 Min. garen, dann auf dem Spinat verteilen. **250 ml Béchamelsauce** (s. S. 11) zubereiten und **100 g geriebenen Gouda** darin schmelzen. Über die Pilze gießen und im auf 200° vorge-heizten Backofen (Mitte, Umluft 180°) in ca. 20 Min. gratinieren.

Salat mit
Kressedressing

---

vertreibt Frühlingsmüdigkeit

Für 4 Personen **1 Kopfsalat** in Blätter teilen. Diese putzen, waschen und gut trocken schütteln. **1/2 Bund Radieschen** waschen, putzen und in dünne Scheiben schneiden. **2 EL Weißweinessig**, **1/2 TL Senf** und **1 TL Honig** mit **Salz** und **Pfeffer** gut verrühren. **5 EL Sonnenblumenöl** kräftig unterschlagen. **1 Beet Kresse** abschneiden und unterheben. Kopfsalat, Radieschen und Dressing in einer Schüssel mischen und sofort servieren.

Tomaten-
Rucola-Salat

---

schmeckt nach Sommer und Süden

Für 4 Personen **4 Fleischtomaten** waschen und quer in Scheiben schneiden, dabei die Stielansätze entfernen. **1 Bund Rucola** waschen und trocken schütteln. Grobe Stiele abschneiden, die Blätter grob zerschneiden. **1/2 Bund Petersilie** und **3 Zweige Basilikum** waschen und trocken schütteln. **1 Knoblauchzehe** schälen, mit **2 Sardellenfilets** und **1 EL Kapern** grob hacken. Mit den Kräutern, **1 EL frisch gepresstem Zitronensaft** und **100 ml Olivenöl** pürieren. Mit **Salz** und **Pfeffer** abschmecken. Die Tomaten auf einer Platte auslegen, salzen und pfeffern. Den Rucola darüberstreuen und mit Dressing beträufeln.

Feldsalat
mit Walnüssen

der perfekte Herbstsalat

Für 4 Personen **400 g Feldsalat** sorgfältig
waschen, putzen und gut trocken schütteln.
50 g Walnusskerne grob hacken. Gut die Hälfte
davon in einem Schälchen mit einer Gabel
zerdrücken. **150 g Joghurt, 1 TL geriebener
Meerrettich** (aus dem Glas) und **1 EL frisch
gepressten Zitronensaft** unterrühren. Mit **Salz**
und **Pfeffer** würzen. Das Dressing über den
Feldsalat träufeln und locker unterheben.
Die übrigen Nüsse über den Salat streuen.
1 große reife Birne in Spalten schneiden,
in **1 TL Zitronensaft** wenden und unter den
Salat mischen.

Chicoréesalat
mit Datteln

schmeckt nicht nur zur Weihnachtszeit

Für 4 Personen von **3 Stauden Chicorée**
(ca. 350 g) den Strunk abschneiden. In Blätter
teilen, diese waschen, trocken schütteln und in
breite Streifen schneiden. **100 g frische Datteln**
(ersatzweise getrocknete Medjool-Datteln) halbieren, entkernen und das Fruchtfleisch längs
in schmale Streifen schneiden. **100 g Joghurt**
und **2 EL Schmant** mit dem **Saft von 1 Orange**
verrühren. Mit je **1 Msp. gemahlenem Kreuzkümmel** und **Zimtpulver, Salz** und **Pfeffer**
würzen. Chicorée und Datteln mit dem Dressing mischen und servieren.

17

Klein und fein

Kleinigkeiten aus dem Ofen sind perfekte Snacks, magenwärmende Abendessen oder auch mal feiner Auftakt zum großen Menü.

4 Personen | 4 Gratin-
schälchen oder 1 flache
Auflaufform

4 große frische Feigen
4 Scheiben Parmaschinken
1 Zweig Rosmarin
2 EL Pinienkerne
120 g Ziegenfrischkäse
schwarzer Pfeffer
2 TL Lavendelhonig (oder
   anderer Blütenhonig)

Ziegenkäsefeigen mit Honig

edle Vorspeise | *im Bild links*
Zubereitung: ca. 15 Min. | *Backen: ca. 10 Min.* | *Pro Portion: ca. 200 kcal*

1 Den Backofen auf 220° vorheizen. Feigen waschen und trocknen. Von oben kreuzweise so tief einschneiden, dass sie unten noch zusammenhalten. Die Spalten leicht auseinanderdrücken. Schinkenscheiben längs halbieren und um die Feigen wickeln.

2 Rosmarin waschen, die Nadeln abzupfen und hacken. Etwas Rosmarin beiseitelegen. Pinienkerne grob hacken. Mit dem Rosmarin unter den Frischkäse mischen. Ein Viertel Käsecreme in jede Feige füllen. Mit Pfeffer übermahlen und den übrigen Rosmarin darüberstreuen. Die Früchte in die Form setzen und mit Honig beträufeln. Grill zuschalten und im heißen Ofen (oben) 8–10 Min. übergrillen.

Brätäpfel

Bratapfel pikant | *Zubereitung: ca. 30 Min.*
Backen: ca. 30 Min. | *Pro Portion: ca. 620 kcal*

Für 4 Personen | 1 kleine Auflaufform

4 Äpfel | 3 EL frisch gepresster Zitronensaft
1 Zwiebel | 4 EL Walnusskerne
450 g rohe grobe Bratwürste (z. B. rheinische)
2 EL Pflanzenöl
1 TL getrockneter Majoran
2 EL Rosinen | 100 g Crème fraîche
Salz | Pfeffer
250 ml Cidre (frz. Apfelwein, ersatzweise Brühe)

1 Die Äpfel waschen, halbieren und das Kerngehäuse entfernen. Das Fruchtfleisch bis auf einen ca. 1/2 cm breiten Rand herauslösen, klein schneiden. Die Apfelhälften und -stückchen mit Zitronensaft beträufeln. Zwiebel schälen und fein würfeln. Walnusskerne grob hacken. Das Wurstbrät aus der Pelle drücken.

2 Den Backofen auf 180° vorheizen. Das Öl in einer Pfanne erhitzen und die Zwiebel darin glasig dünsten. Das Wurstbrät zugeben, mit einem Holzlöffel zerteilen und krümelig anbraten. Apfelstückchen, Majoran, Rosinen und 2 EL Walnüsse zugeben und 2 Min. mitbraten. Die Crème fraîche unterrühren, salzen und pfeffern.

3 Die Masse in die Apfelhälften füllen. Diese mit den übrigen Walnüssen bestreuen und in die Form setzen. Cidre angießen und im heißen Ofen (Mitte, Umluft nicht empfehlenswert) 25–30 Min. garen.

Birnen mit Käsehaube

Vorspeise oder Dessert | *Zubereitung: ca. 40 Min.*
Backen: ca. 25 Min. | *Pro Portion: ca. 340 kcal*

**Für 4 Personen | 4 Gratinschälchen
oder 1 flache Auflaufform**

3 große reife Birnen (z. B. Williams) | 1 Zitrone
200 ml trockener Weißwein | 6 EL Zucker
1/2 Zimtstange | 2 Sternanis
100 g alter Gouda | 2 Eier | 80 g Magerquark
Pfeffer | Butter für die Form

1 Die Birnen schälen, halbieren und das Kerngehäuse großzügig entfernen. Zitrone auspressen. Den Saft mit Wein, 2 EL Zucker, Zimtstange und Sternanis in einem breiten Topf einmal aufkochen lassen. 4 Birnenhälften hineingeben und offen bei schwacher Hitze ca. 10 Min. dünsten. Herausheben. Die übrigen Birnenhälften klein würfeln. Mit 1 EL Zucker und 2–5 EL Weinsud offen in ca. 20 Min. weich dünsten. Mit einer Gabel zerdrücken und auskühlen lassen.

2 Den Backofen auf 200° vorheizen, die Förmchen fetten. Gouda fein reiben. Eier trennen. Die Eiweiße steif schlagen, dabei 2 EL Zucker einrieseln lassen. Die Eigelbe mit 1 EL Zucker schaumig rühren. Quark, Birnenmus und Gouda einrühren, den Eischnee unterheben. Die Masse in die Birnenhälften füllen. Diese in die Förmchen setzen und im heißen Ofen (Mitte, Umluft 180°) in 20–25 Min. goldgelb backen. Mit Pfeffer übermahlen. Nach Wunsch mit Preiselbeerkompott servieren.

Gratinierte Salatpäckchen

sommerleicht | *Zubereitung: ca. 25 Min.*
Backen: ca. 15 Min. | *Pro Portion: ca. 220 kcal*

Für 4–6 Personen | 1 flache Auflaufform

16 große Kopfsalatblätter | 1 großer Zucchino
(ca. 350 g) | 1 Schalotte | 1 Knoblauchzehe
4 EL Butter | Salz | Pfeffer
1 Bund Schnittlauch | 200 g Ricotta
2 Eier | 50 g frisch geriebener Parmesan

1 Salat waschen, trocken tupfen, dicke Rippen flach schneiden. Zucchino waschen, putzen und grob raspeln. Schalotte und Knoblauch schälen und fein hacken. 1 EL Butter in einer Pfanne erhitzen. Schalotte und Knoblauch darin andünsten. Zucchiniraspel zugeben, salzen, pfeffern, offen bei schwacher Hitze 8–10 Min. dünsten. Vom Herd nehmen.

2 Backofen auf 200° vorheizen, die Form mit 1 EL Butter fetten. Schnittlauch waschen, trocken schütteln und in Röllchen schneiden. Ricotta und Eier verrühren. Die leicht abgekühlten Zucchini und den Schnittlauch unterheben, salzen und pfeffern.

3 Ricottacreme löffelweise auf den Salatblättern verteilen. Jeweils die Längsseiten über die Füllung klappen und die Blätter von unten nach oben zu Päckchen aufrollen. In die Form setzen. Die übrige Butter in Flöckchen darauf verteilen. Mit Parmesan bestreuen und im heißen Ofen (Mitte, Umluft 180°) 12–15 Min. garen.

Überbackener Radicchio

ungewöhnlich | *Zubereitung: ca. 25 Min.*
Backen: ca. 15 Min. | *Pro Portion: ca. 420 kcal*

Für 4 Personen | 1 flache Auflaufform

4 Radicchio (à ca. 250 g) | 8 EL Olivenöl
3 EL Puderzucker | Salz | Pfeffer
200 g Ziegenfrischkäse mit Kräutern
  (z. B. Carré aux Herbes)
100 g Walnusskerne | 1 kleine Knoblauchzehe

1 Radicchio putzen, längs vierteln, waschen und trocken tupfen. 4 EL Olivenöl in einer großen Pfanne erhitzen. Puderzucker und Radicchioviertel darin bei mittlerer Hitze ca. 5 Min. braten. Vom Herd nehmen.

2 Den Backofen auf 180° vorheizen. Die Form mit 1 EL Öl auspinseln. Den Radicchio in der Form verteilen, salzen und kräftig pfeffern. Den Ziegenkäse in Stückchen schneiden, die Walnüsse grob hacken. Beides auf dem Radicchio verteilen.

3 Den Knoblauch schälen, durchpressen und mit dem restlichen Öl mischen. Den Radicchio damit beträufeln und im heißen Ofen (Mitte, Umluft 160°) ca. 20 Min. garen. Warm mit frischem Baguette servieren.

Gut zu wissen

Carré aux Herbes ist ein junger, in Kräutern der Provence gewendeter Ziegenkäse. Wer ihn nicht bekommt, nimmt frische Ziegenrolle, schneidet sie in Scheiben und wendet diese in ca. 1 EL Kräutern der Provence.

Gefüllte Kräuter-Schinken-Champignons

feine Vorspeise | *Zubereitung: ca. 25 Min.* | *Backen: ca. 20 Min.* | *Pro Stück: ca. 95 kcal*

Für 12 Stück
1 flache Auflaufform

12 große Champignons
  (à ca. 60 g)
2 Scheiben Toastbrot
2 Schalotten
1/2 Bund Petersilie
6 Salbeiblätter
150 g gekochter Schinken
60 g mittelalter Gouda
2 EL Butter | 1 Ei
3 EL Mascarpone
Salz | Pfeffer
frisch geriebene Muskatnuss

1 Die Champignons sauber abreiben und putzen. Die Stiele herausdrehen und möglichst fein würfeln. Toastbrot in kleine Würfel schneiden. Schalotten schälen und fein hacken. Petersilie und Salbei waschen und trocken schütteln. Petersilie fein hacken, Salbei in feine Streifen schneiden. Den Schinken in kleine Würfel schneiden. Den Käse fein reiben.

2 Den Backofen auf 200° vorheizen, die Form mit 1 EL Butter fetten. 1 EL Butter in einer Pfanne erhitzen und die Schalotten darin andünsten. Salbei zugeben und kurz mitdünsten. Pilzstiele, Toastbrot und Schinken einstreuen und 1–2 Min. unter Rühren mitbraten. Vom Herd nehmen und die Petersilie unterrühren.

3 Das Ei mit Mascarpone, der leicht abgekühlten Schinkenmischung und dem Käse verrühren. Mit Salz, Pfeffer und Muskatnuss würzen. Die Masse gleichmäßig in die Pilzkappen füllen. Die Pilze in die Form setzen und im heißen Ofen (Mitte, Umluft 160°) ca. 20 Min. überbacken.

Spargel mit Basilikumhaube

frühlingsfein | *Zubereitung: ca. 25 Min.* | *Backen: ca. 15 Min.* | *Pro Stück: ca. 310 kcal*

Für 4 Personen
1 flache Auflaufform

750 g grüner Spargel
Salz | 1 Bund Basilikum
2–3 EL Sahne | 1 Ei
150 g Mascarpone
Pfeffer | Chilipulver
frisch geriebene Muskatnuss
50 g frisch geriebener Parmesan
Butter für die Form

1 Den Spargel waschen, das untere Drittel dünn schälen, holzige Endstücke abschneiden. In einem Topf Salzwasser aufkochen. Die Stangen hineingeben und in ca. 8 Min. bissfest garen. In ein Sieb abgießen und kalt abbrausen.

2 Inzwischen den Backofen auf 200° vorheizen, die Form mit Butter fetten. Basilikum waschen, trocken schütteln und die Blättchen abzupfen. Mit der Sahne möglichst fein pürieren. Das Ei trennen, das Eiweiß mit einer Prise Salz steif schlagen. Das Basilikumpüree mit Eigelb und Mascarpone verrühren. Mit Salz, Pfeffer, Chilipulver und Muskatnuss würzen. Eischnee und Parmesan behutsam unterheben.

3 Den Spargel in die Form legen und die Mascarponemasse darauf verteilen. Im heißen Ofen (Mitte, Umluft 180°) in ca. 15 Min. goldbraun backen.

Besonders clever!
Wenn's ganz schnell gehen soll:
2 TL Pesto gut abtropfen lassen
und anstelle des Basilikumpürees
in die Mascarponecreme rühren.

Spitzpaprika
mit Käsefüllung

mediterran | *Zubereitung: ca. 20 Min.*
Backen: ca. 30 Min. | *Pro Portion: ca. 305 kcal*

Für 4 Personen | 1 flache Auflaufform

4 gelbe Spitzpaprika (ersatzweise
  4 kleine rote Paprikaschoten)
200 g Schafkäse (Feta)
100 g Crème fraîche
3 EL Ajvar (türkische Paprikapaste,
  aus dem Glas)
2 Eier | 1/2 TL getrockneter Oregano
Salz | Pfeffer
Olivenöl für die Form

1 Backofen auf 200° vorheizen. Paprikaschoten halbieren, putzen, waschen und trocken tupfen. Schafkäse mit einer Gabel fein zerkrümeln. Crème fraîche, Ajvar, Eier und Oregano gut verrühren. Den Schafkäse unterheben und mit Salz und Pfeffer würzen. Die Käsecreme in die Paprikahälften füllen.

2 Die Form mit Öl auspinseln und die Paprikaschoten hineinsetzen. Im heißen Ofen (Mitte, Umluft 180°) in 25–30 Min. goldgelb backen. Die Schoten schmecken lauwarm, aber auch kalt als Imbiss bei sommerlichen Temperaturen.

Clever tauschen

Statt Ajvarpaste **50 g schwarze Oliven ohne Stein** in kleine Stücke schneiden und untermischen. Die Käsecreme dann zusätzlich mit etwas Chilipulver oder Pul biber (türkische Paprikaflocken) pikant würzen.

Auberginen-
Zucchini-Fächer

wie in Italien | *Zubereitung: ca. 40 Min.*
Backen: ca. 30 Min. | *Pro Portion: ca. 325 kcal*

Für 4 Portionen | 1 flache Auflaufform

je 2 Auberginen und Zucchini (à ca. 250 g)
Salz | 600 g Tomaten | 2 Kugeln Mozzarella
(à 125 g) | 2 Knoblauchzehen
6 Zweige Thymian | 6 EL Olivenöl | Pfeffer

1 Auberginen und Zucchini waschen. Die Früchte der Länge nach von unten bis zum Strunk in ca. 1 cm Abstand fächerförmig einschneiden. Die Schnittflächen dick mit Salz bestreuen und 15 Min. ziehen lassen.

2 Inzwischen die Tomaten waschen, trocknen und quer in ca. 1/2 cm breite Scheiben schneiden. Dabei die Stielansätze entfernen. Mozzarella trocken tupfen und in 1/2 cm breite Scheiben schneiden. Knoblauch schälen und durchpressen. Thymian waschen, trocken schütteln, Blättchen abzupfen und hacken. Beides mit 5 EL Öl verrühren.

3 Backofen auf 220° vorheizen, die Form mit 1 EL Öl auspinseln. Auberginen und Zucchini kalt abspülen, trocken tupfen und fächerförmig in die Form legen. Die Schnittflächen mit dem Würzöl bepinseln, leicht salzen und pfeffern. Tomatenscheiben in die Fächer stecken, salzen und pfeffern. Mozzarella so in die Fächer stecken, dass die Scheiben überstehen. Im heißen Ofen (Mitte, Umluft 200°) in 25–30 Min. goldbraun backen.

im Bild: Spitzpaprika mit Käsefüllung

Pilze im Pergament

edel | *Zubereitung: ca. 20 Min.* | *Backen: ca. 20 Min.*
Pro Portion: ca. 250 kcal

Für 4 Personen

100 ml Olivenöl | je 250 g Pfifferlinge und
Steinpilze | 1 Schalotte | 1 Knoblauchzehe
1 Zweig Rosmarin | 4 Zweige Thymian
1/2 Bund Petersilie | 2 EL Cognac (nach
Belieben) | Salz | Pfeffer

Außerdem:

4 Bögen Backpapier (ca. 40 x 40 cm)

1 Ofen auf 200° vorheizen. Papierbögen dünn
   einölen. Pilze sauber abreiben und putzen.
   Steinpilze in Scheiben schneiden, Pfiffer-
   linge je nach Größe halbieren oder vierteln.
   Schalotte und Knoblauch schälen und fein
   hacken. Rosmarin, Thymian und Petersilie
   waschen und trocken schütteln. Die Nadeln
   und Blättchen fein hacken. Alles mit dem
   übrigen Öl und evtl. Cognac verrühren.
   Salzen, pfeffern und mit den Pilzen mischen.

2 Ein Viertel der Pilze auf jeden Papierbogen
   legen, nochmals salzen und pfeffern. Das
   Papier jeweils zu einem Päckchen falten und
   auf ein Backblech legen. Im heißen Ofen
   (Mitte, Umluft 180°) ca. 20 Min. garen.
   Die Päckchen zum Servieren öffnen und
   mit Baguette und Bündner Fleisch servieren.

Clever einpacken

Zum Verschließen die beiden Enden der Pilz-
päckchen mit **Büroklammern** feststecken oder
zusammentackern.

Raclette aus der Folie

für kalte Wintertage | *Zubereitung: ca. 35 Min.*
Backen: ca. 20 Min. | *Pro Portion: ca. 550 kcal*

Für 4 Personen

800 g festkochende Kartoffeln | Salz
80 g geräucherter Speck | 2 Zwiebeln
2 Zweige Thymian | 3 EL Pflanzenöl
4 Tomaten | Pfeffer
250 g Raclette-Käse in Scheiben

Außerdem:

4 Bögen Alufolie (ca. 30 x 40 cm)

1 Kartoffeln waschen und mit Schale in Salzwasser zugedeckt bei mittlerer Hitze ca.
   20 Min. garen. Abgießen und ausdampfen
   lassen. Den Backofen auf 220° vorheizen.
   Speck fein würfeln. Die Zwiebeln schälen,
   halbieren und längs in feine Streifen schneiden. Thymian waschen, trocken schütteln,
   Blättchen abzupfen und hacken. 1 EL Öl in
   einer Pfanne erhitzen. Speck und Zwiebeln
   darin andünsten, den Thymian unterrühren.

2 Tomaten waschen und ohne Stielansätze
   quer in Scheiben schneiden. Diese halbieren.
   Kartoffeln pellen und in Scheiben schneiden.
   Die Folienbögen auf der matten Seite mit
   2 EL Öl bepinseln. Je ein Viertel der Kartoffeln und Tomaten dachziegelartig darauf
   verteilen, salzen und pfeffern. Ein Viertel
   der Zwiebelmasse darübergeben und mit
   einem Viertel der Käsescheiben belegen.
   Die Folien zu Päckchen falten. Im heißen
   Ofen (Mitte, Umluft 200°) ca. 20 Min. garen.

vorne: Raclette aus der Folie | hinten: Pilze im Pergament

Portwein-Schalotten-Küchlein

ungewöhnlich | *Zubereitung: ca. 30 Min.*
Backen: ca. 35 Min. | *Pro Portion: ca. 795 kcal*

Für 4 Personen | 4 Gratinschälchen

450 g kleine Schalotten | 2 EL Olivenöl
3 EL Zucker | 2 EL Aceto balsamico | 200 ml
Portwein | 2 Zweige Thymian | 250 g Ziegen-
frischkäse | 250 g griechischer Joghurt
(10 % Fett) | 6 Eier | Salz | Pfeffer | 1/2 TL
gemahlener Kreuzkümmel | 6 Blätter Yufkateig
(ca. 180 g, aus dem Kühlregal) | 3 EL Butter

1 Schalotten schälen, im Öl andünsten. Zucker
darüberstreuen und ca. 3 Min. karamellisieren lassen. Essig und Portwein zugießen und
offen bei mittlerer Hitze ca. 5 Min. einkochen lassen. Schalotten in ein Sieb abgießen,
den Sud auffangen. Diesen offen bei starker
Hitze knapp auf die Hälfte einkochen lassen.

2 Inzwischen den Backofen auf 180° vorheizen. Thymian waschen, trocken schütteln,
Blättchen abzupfen und hacken. Mit Frischkäse, Joghurt und Eiern verrühren. Mit Salz,
Pfeffer und Kreuzkümmel würzen.

3 Die Teigblätter in zwölf Quadrate schneiden
(2 cm größer als der Durchmesser der Förmchen). Butter schmelzen, die Blätter damit
bestreichen. Je 3 Blätter überlappend in jede
Form legen. Mit Zwiebeln belegen, mit Käsecreme übergießen. Im heißen Ofen (Mitte,
Umluft 160°) 30–35 Min. backen. Zum Servieren mit dem Portweinsirup beträufeln.

Camembert-Trauben-Gratin

schmeckt auch als Dessert | *Zubereitung: ca. 15 Min.*
Backen: ca. 30 Min. | *Pro Portion: ca. 455 kcal*

Für 4 Personen | 4 Gratinschälchen

350 g grüne und blaue Weintrauben
8 Rosmarinnadel | 3 Eier
Salz | 150 g Ricotta | Pfeffer
frisch geriebene Muskatnuss
250 g Camembert
4 EL Pinienkerne
Butter für die Förmchen

1 Den Backofen auf 200° vorheizen, die Förmchen fetten. Die Trauben waschen, trocken
tupfen und von den Rispen zupfen. Rosmarin waschen, trocknen und fein hacken.

2 Die Eier trennen, die Eiweiße mit einer Prise
Salz steif schlagen. Die Eigelbe mit Ricotta
und Rosmarin verrühren. Mit Salz, Pfeffer
und Muskatnuss würzen. Den Camembert
in Stücke oder dickere Scheiben schneiden.

3 Trauben und Camembert in den Förmchen
verteilen. Den Eischnee behutsam unter
die Ricottacreme heben. Die Masse auf die
Trauben schichten. Mit Pinienkernen bestreuen und im heißen Ofen (Mitte, Umluft
180°) in 25–30 Min. goldbraun backen.

Besonders clever!

Wer mag, serviert die Gratins mit ein paar Spritzern
Balsamessig-Creme (Crema di Balsamico) oder mit
etwas Honig beträufelt als **Dessert.**

Gratinierte Jakobsmuscheln

edle Vorspeise | *Zubereitung: ca. 35 Min.* | *Backen: ca. 15 Min.* | *Pro Portion: ca. 435 kcal*

Für 4 Personen
4 Gratinschälchen

1 Schalotte | 3 EL Butter
1 EL Mehl
400 ml Fischfond (aus dem Glas)
300 ml Sekt | 250 g Sahne
1/2 Vanilleschote | Salz
Pfeffer | 400 g Kirschtomaten
8 küchenfertige Jakobsmu-
scheln | 1 Eigelb

Besonders clever!

Lassen Sie sich vom Fischhändler
vier **untere gewölbte Muschel-
schalen** mitgeben – sie sind meist
bereits gesäubert vorrätig. Statt
in Gratinförmchen lassen sich die
Muscheln darin perfekt gratinieren
und servieren.

1 Die Schalotte schälen und in feine Würfel schneiden.
1 EL Butter in einem Topf schmelzen lassen und das Mehl
darin anschwitzen. Etwas Fond angießen und verrühren.
Dann den übrigen Fond, Sekt und 200 g Sahne zugießen.
Die Vanilleschote längs aufschlitzen und das Mark herausschaben. Mark und Schote zur Sauce geben. Diese offen
bei mittlerer Hitze in 15–20 Min. auf die Hälfte einkochen
lassen (s. S. 11). Mit Salz und Pfeffer würzen.

2 Inzwischen den Backofen auf 200° vorheizen. Die Tomaten
waschen, halbieren, Stielansätze entfernen. 2 EL Butter in
einer Pfanne erhitzen und die Muscheln darin bei schwacher Hitze von jeder Seite 1 Min. braten. Die Tomaten zugeben, salzen und pfeffern. Zugedeckt ca. 3 Min. weitergaren.

3 Die Vanilleschote aus der Sauce nehmen. Das Eigelb mit
50 g Sahne verquirlen und in die Sauce rühren. Muscheln
und Tomaten auf die Förmchen verteilen. Mit Sauce übergießen und im heißen Ofen (Mitte, Umluft nicht empfehlenswert) in 10–15 Min. goldgelb gratinieren.

Asia-Fisch im Päckchen

fein & leicht | Zubereitung: ca. 25 Min. | Backen: ca. 15 Min. | Pro Portion: ca. 120 kcal

Für 4 Personen

1 dicke Möhre | 150 g Zucker-
schoten | 4 Schollenfilets
(à ca. 100 g) | Salz | Pfeffer
1 kleine Knoblauchzehe
1 Stück frischer Ingwer (ca. 2 cm)
1/2 rote Chilischote | 6 Kaffir-
Limettenblätter | 3 EL frisch
gepresster Limettensaft
2 EL Fischsauce
   (aus dem Asienladen)
1 1/2 EL Sojasauce
1 1/2 TL brauner Zucker

Außerdem:

4 Bögen Backpapier
   (ca. 40 x 40 cm)
Öl zum Bestreichen

1 Möhre schälen und putzen. Erst in 5 cm lange Stücke, dann in feine Stifte schneiden. Zuckerschoten waschen, putzen und längs in feine Streifen schneiden. Mit den Möhren mischen. Den Fisch kalt abspülen, trocken tupfen, leicht salzen und pfeffern. Den Backofen auf 200° vorheizen. Die Papierbögen dünn mit Öl bepinseln. Jeweils ein Häufchen Gemüse daraufsetzen und je 1 Fischfilet darauflegen.

2 Knoblauch schälen und durchpressen. Ingwer schälen und in feine Stifte schneiden. Chilischote waschen, putzen, entkernen und sehr fein hacken. Limettenblätter waschen, längs halbieren und die harten Blattrippen wegschneiden. Die Hälften in feine Streifen schneiden. Alles mit Limettensaft, Fisch- und Sojasauce und Zucker verrühren. Über den Fisch träufeln. Die Papierbögen der Länge nach über dem Fisch zusammenfalten, dann die äußeren Enden zusammendrehen. Auf ein Backblech legen und im heißen Ofen (Mitte, Umluft 180°) ca. 15 Min. garen. Im Päckchen servieren.

Luftiges
Käsesoufflé

Klassiker aus Frankreich | *Zubereitung: ca. 25 Min.* | *Backen: ca. 40 Min.* | *Pro Portion: ca. 450 kcal*

Für 4 Personen
1 Souffléform (ca. 20 cm Ø)

50 g Butter
50 g Mehl
250 ml Milch
Salz | Pfeffer
frisch geriebene Muskatnuss
150 g Greyerzer Käse
5 Eier
Butter und Mehl für die Form

1 Die Butter in einem Topf schmelzen lassen. Das Mehl darüberstreuen und bei schwacher Hitze ca. 2 Min. anschwitzen. Milch nach und nach zugießen und mit dem Schneebesen gut unterrühren. Einmal aufkochen lassen, mit Salz, Pfeffer und Muskatnuss würzen. Die Sauce bei schwacher Hitze ca. 10 Min. köcheln lassen (s. S. 11). Dabei immer wieder umrühren, damit sie nicht anhängt.

2 Inzwischen den Käse fein reiben. Eier trennen, die Eiweiße mit einer Prise Salz steif schlagen. Die Sauce vom Herd nehmen, etwas abkühlen lassen. Die Eigelbe einzeln mit dem Schneebesen gut unterrühren (**Bild 1**). Den Käse einrühren.

3 Den Backofen auf 180° vorheizen. Die Form mit Butter fetten und mit Mehl bestäuben (**Bild 2**). Den Eischnee behutsam unter die lauwarme Käsemasse heben und diese in die Form füllen (**Bild 3**). Das Soufflé sofort in den heißen Backofen stellen (unten, Umluft nicht empfehlenswert) und ca. 20 Min. backen. Die Temperatur auf 200° erhöhen und ca. 20 Min. weiterbacken. Die Ofentür während des Backvorgangs nicht öffnen, sonst fällt das Soufflé zusammen! Das fertige Soufflé sofort servieren, da es sehr schnell zusammensacken kann.

Clever variieren

Für ein **Camembertsoufflé** einfach 150 g klein geschnittenen Camembert in der heißen Béchamelsauce schmelzen lassen. Erst danach die Eigelbe unterrühren.

Besonders clever!

Küchenprofis stellen Soufflés für möglichst **gleichmäßige Hitze** zusätzlich in ein **Wasserbad.** Dazu die Fettpfanne des Backofens bis 2 cm unter den Rand der Souffléeform mit Wasser füllen und die Form hineinstellen. Die Form nie ganz bis zum Rand füllen, da die Soufflémasse stark aufgeht!

Ofentortilla
mit Kartoffeln und Pilzen

deftig | *Zubereitung: ca. 30 Min.* | *Backen: ca. 20 Min.* | *Pro Portion: ca. 465 kcal*

Für 4 Personen

400 g festkochende Kartoffeln
200 g Champignons
1 Debreziner Würstchen (ca. 70 g)
5 Frühlingszwiebeln
1/2 Bund Petersilie | 3 EL Olivenöl
Salz | Pfeffer | 5 Eier
200 g Sahne | frisch geriebene Muskatnuss

Außerdem:

ofenfeste Pfanne

1 Die Kartoffeln waschen, schälen und in dünne Scheiben hobeln oder schneiden. Die Champignons sauber abreiben und in Scheiben schneiden. Das Würstchen in dünne Scheiben schneiden. Die Frühlingszwiebeln waschen, putzen und mit Grün in dünne Ringe schneiden. Petersilie waschen, trocken schütteln und fein hacken.

2 Den Backofen auf 180° vorheizen. 2 EL Öl in der Pfanne erhitzen und die Kartoffeln darin bei mittlerer Hitze ca. 10 Min. braten. Salzen, pfeffern und herausnehmen. 1 EL Öl in der Pfanne erhitzen und die Pilze darin ca. 5 Min. braten.

3 Die Eier mit der Sahne verquirlen. Frühlingszwiebeln und Petersilie unterrühren, mit Salz, Pfeffer und Muskatnuss würzen.

4 Kartoffeln und Debreziner unter die Pilze mischen. Die Eiermasse darübergießen und zugedeckt bei mittlerer Hitze ca. 8 Min. stocken lassen. Den Deckel abnehmen und die Tortilla im Backofen (Mitte, Umluft nicht empfehlenswert) in 15–20 Min. fertig backen. Die Tortilla schmeckt warm mit Brot oder kalt, in Würfel geschnitten, als Aperitifhäppchen.

Frühlingstortilla mit Spargel

Für 4 Personen | **400 g grünen Spargel** waschen, das untere Drittel bei Bedarf schälen, holzige Enden abschneiden. Die Stangen in ca. 1/2 cm breite Scheiben schneiden. **150 g Bärlauch** waschen, trocken schütteln und in feine Streifen schneiden. **6 Eier** mit **6 EL Sahne** verquirlen. Mit **Salz, Pfeffer** und **2–3 Msp. Chilipulver** würzen. Den Bärlauch unterheben. **3 EL Olivenöl** in einer ofenfesten Pfanne erhitzen. Den Spargel darin bei starker Hitze ca. 4 Min. unter Rühren anbraten, salzen und pfeffern. Die Eiermasse darübergießen und zugedeckt bei schwacher Hitze 8–10 Min. stocken lassen. Dann ohne Deckel im auf 180° vorgeheizten Ofen (Mitte, Umluft nicht empfehlenswert) in ca. 10 Min. fertig garen.

Vacherin
mit Brotkruste

für Hüttenabende | *Zubereitung: ca. 10 Min.*
Backen: ca. 15 Min. | *Pro Portion: ca. 470 kcal*

Für 6–8 Personen

1 Vacherin Mont d'or
  (ca. 800 g, in der Spanschachtel)
2 dicke Scheiben Schwarzbrot (ca. 100 g)
50 g getrocknete Cranberrys | 1 Zweig
Rosmarin | 1 Knoblauchzehe | 1 Eigelb
2 EL Kirschwasser (nach Belieben)

1 Den Backofen auf 250° vorheizen. Die obere
  Rinde des Vacherin dünn abschneiden.
  Das Brot fein hacken oder auf einer Reibe
  reiben. Cranberrys fein hacken. Rosmarin
  waschen, trocken tupfen, die Nadeln abzupfen und fein hacken. Knoblauch schälen und
  durchpressen.

2 Das Eigelb nach Belieben mit Kirschwasser
  verquirlen und gut mit Brot, Cranberrys,
  Rosmarin und Knoblauch mischen. Die
  Masse auf dem Käse verteilen. Den Käse
  in der Schachtel im heißen Ofen (Mitte,
  Umluft 230°) ca. 15 Min. backen, bis er
  schön geschmolzen ist. Schmeckt toll zu
  frischem Baguette oder Pellkartoffeln.

Gut zu wissen

Vacherin-Liebhaber schätzen den weichen Kuh-
milchkäse mit der rosig orangefarbenen Rinde,
wenn er richtig reif ist. Dann wird die Rinde oben
entfernt und der fast flüssige Käse direkt aus der
Schachtel gelöffelt.

Spanische
Eier im Förmchen

a la flamenca | *Zubereitung: ca. 25 Min.*
Backen: ca. 15 Min. | *Pro Portion: ca. 420 kcal*

Für 4 Personen | 4 Gratinschälchen

2 grüne Paprikaschoten | 1 Zwiebel
2 Knoblauchzehen | 2 EL Olivenöl
1 kleine Dose stückige Tomaten
  (400 g Füllgewicht)
Salz | Pfeffer | Chilipulver
120 g Manchego-Käse | 12 Scheiben Chorizo
(span. Paprikawurst) | 8 Eier

1 Paprikaschoten halbieren, putzen, waschen
  und in ca. 2 cm große Stücke schneiden.
  Zwiebel und Knoblauch schälen und fein
  hacken. Das Öl erhitzen und Zwiebel und
  Knoblauch darin andünsten. Die Paprika
  einstreuen und 1 Min. mitdünsten. Die
  Tomaten unterrühren, mit Salz, Pfeffer und
  Chilipulver würzen. Die Sauce offen bei
  schwacher Hitze ca. 15 Min. köcheln lassen.

2 Inzwischen den Backofen auf 180° vorheizen. Manchego in grobe Späne hobeln.
  Die Tomatensauce auf die Förmchen verteilen. Je 3 Chorizoscheiben drauflegen
  und je 2 Eier vorsichtig draufgleiten lassen.
  Mit wenig Salz und Pfeffer würzen und
  mit dem Käse bestreuen. Im heißen Ofen
  (Mitte, Umluft 160°) ca. 15 Min. garen, bis
  die Eier gestockt sind, das Eigelb aber noch
  leicht flüssig ist. Mit Bauernbrot servieren.

Überbackener
Ananas-Schinken-Toast

Toast Hawaii neu aufgelegt | *Zubereitung: ca. 15 Min.* | *Backen: ca. 10 Min.* | *Pro Portion: ca. 390 kcal*

Für 4 Personen

1 Stange Staudensellerie | 1 Frühlingszwiebel
2 EL Mayonnaise | 100 g Frischkäse
1 TL Currypulver | Salz | Pfeffer
4 Scheiben Ananas (aus der Dose)
4 Scheiben Toastbrot
4 Scheiben gekochter Schinken
4 Scheiben Allgäuer Emmentaler (ca. 150 g)
edelsüßes Paprikapulver zum Bestreuen

Außerdem:

Toaster

1 Den Backofen auf 200° vorheizen. Staudensellerie und Frühlingszwiebel waschen und putzen. Beides möglichst fein würfeln, das Zwiebelgrün in feine Ringe schneiden. Mayonnaise, Frischkäse und Currypulver verrühren. Sellerie- und Zwiebelwürfel unterheben, mit Salz und Pfeffer abschmecken.

2 Die Ananasscheiben in einem Sieb abtropfen lassen. Die Toastscheiben goldgelb rösten und abkühlen lassen. Mit der Currycreme bestreichen und nacheinander mit je 1 Scheibe Schinken, 1 Scheibe Ananas und 1 Scheibe Käse belegen. Die Toasts auf den Backrost legen und im heißen Backofen (Mitte, Umluft 180°) in 8–10 Min. goldbraun überbacken. Zum Servieren mit etwas Paprikapulver und Zwiebelgrün bestreuen.

Birnen-Nuss-Toast

Für 4 Personen | **4 Scheiben Toastbrot** hellbraun rösten. **60 g Walnusskerne** mit einem Messer grob hacken. **1 Zweig Thymian** waschen, trocken tupfen, Blättchen abzupfen und fein hacken. Beides mit **100 g Frischkäse** und **2 EL Feigensenf** (aus dem Glas) verrühren, mit **Salz** und **Pfeffer** abschmecken. Die abgekühlten Toasts mit der Creme bestreichen. **4 Birnenhälften** (aus der Dose) gut abtropfen lassen und längs fächerförmig einschneiden, sodass sie oben noch zusammenhalten. Aufgefächert auf die Toasts legen. **4 dicke Scheiben Fontina-Käse** (ca. 150 g) darüberlegen. Die Toasts im auf 180° vorgeheizten Backofen (Mitte) in 10–12 Min. goldgelb überbacken.

Variante mit Kasseler und Käsehaube

Für 4 Personen | **4 Scheiben Toastbrot** goldgelb rösten. **1/4 Bund Schnittlauch** waschen, trocken schütteln, in Röllchen schneiden. **150 g Chester-Käse** (ersatzweise mittelalter Gouda) fein reiben und mit **5 EL Bier, 2 EL Senf** und **2 Eigelben** gut verrühren. Den Schnittlauch unterheben. **Salzen** und **pfeffern**. **4 dicke Scheiben Kassleraufschnitt** (ca. 150 g) auf den Toasts verteilen und mit Käsemasse bestreichen. Die Toasts im auf 180° vorgeheizten Backofen (Mitte) in 8–10 Min. goldbraun überbacken.

Zweierlei Ofen-Mettbrote

schnell & deftig | *Zubereitung: ca. 15 Min.*
Backen: ca. 5 Min. | *Pro Portion: ca. 415 kcal*

Für 4 Personen

1 Baguette | 6 Frühlingszwiebeln
250 g Mett (möglichst ungewürzt)
2 EL Senf | 1 TL Kapern
Salz | Pfeffer
3 EL geröstete, gesalzene Erdnüsse
2 EL Erdnussbutter
1/2–1 TL Sambal œlek | 120 g Butterkäse

1 Den Backofen auf höchster Stufe vorheizen. Das Baguette in zwölf gleichmäßig dicke Scheiben schneiden. Die Frühlingszwiebeln waschen und putzen. Den grünen und weißen Teil getrennt in feine Ringe schneiden. Den weißen Teil zum Mett geben. Die Mettmasse teilen.

2 Eine Hälfte Mett mit Senf mischen. Kapern grob hacken und unterrühren. Mit Salz und Pfeffer würzen. Erdnüsse grob hacken. Mit Erdnussbutter und Sambal œlek unter die zweite Metthälfte mischen. Mit Salz und Pfeffer würzen.

3 Die Mettmassen auf je sechs Brote streichen. Den Käse grob reiben und darüberstreuen. Die Brote auf den Backrost legen. Den Grill zuschalten und im heißen Backofen (oben) ca. 5 Min. überbacken. Die fertigen Brote mit Zwiebelgrün bestreuen und heiß servieren – am besten zu kühlem Bier!

Fladenbrotpizza

fix & einfach | *Zubereitung: ca. 15 Min.*
Backen: ca. 20 Min. | *Pro Portion: ca. 710 kcal*

Für 4–6 Personen

1 kg reife Fleischtomaten | 375 g Mozzarella
1 Gemüsezwiebel
1 türkisches Fladenbrot
1 Knoblauchzehe | 120 g Pesto (aus dem Glas)
2 TL getrockneter Oregano
Salz | Pfeffer
2 Zweige Basilikum | 200 g Salami in Scheiben

1 Den Backofen auf 220° vorheizen. Tomaten waschen und quer in Scheiben schneiden, dabei die Stielansätze entfernen. Mozzarella abgießen, mit Küchenpapier gut trocken tupfen und in dünne Scheiben schneiden. Die Zwiebel schälen und quer in dünne Ringe schneiden.

2 Das Fladenbrot quer halbieren. Beide Hälften mit der Schnittfläche nach oben auf den Backrost legen und im heißen Backofen (Mitte, Umluft nicht empfehlenswert) ca. 5 Min. rösten. Herausnehmen.

3 Die Knoblauchzehe halbieren und die Schnittflächen der Brote damit einreiben. Pesto daraufstreichen. Die Tomatenscheiben darauflegen und mit Oregano, Salz und Pfeffer würzen. Zwiebelringe und Mozzarella darauf verteilen und die Pizzen nochmals ca. 20 Min. backen. Inzwischen das Basilikum waschen, trocken schütteln und die Blättchen abzupfen. Die fertigen Pizzen mit Salami belegen und mit Basilikum bestreuen.

Ofenwraps mit Mais-Hack-Füllung

Tex-Mex-Snack | *Zubereitung: ca. 25 Min.* | *Backen: ca. 30 Min.* | *Pro Portion: ca. 695 kcal*

Für 4 Personen
1 kleine Auflaufform

2 Zwiebeln
2 Knoblauchzehen
2–3 grüne Chilischoten
1 Dose Mais
   (ca. 200 g Abtropfgewicht)
1 kleine Dose stückige Tomaten
   (400 g Füllgewicht)
Salz | Pfeffer
2 EL Olivenöl
400 g Rinderhackfleisch
1 EL Tomatenmark
1 Bund Koriandergrün
250 g saure Sahne
1 TL gemahlener Kreuzkümmel
100 g mittelalter Gouda
8 Tortillafladen
   (ca. 350 g, Fertigprodukt)

1 Die Zwiebeln schälen und fein würfeln. Knoblauch schälen und fein hacken. Die Chilischoten waschen, halbieren, entkernen und fein hacken. Den Mais in einem Sieb gut abtropfen lassen. Die Tomaten mit der Hälfte Knoblauch und einem Drittel der Chilischoten in einen Topf geben. Offen bei starker Hitze ca. 5 Min. einkochen lassen. Mit Salz und Pfeffer würzen.

2 Das Olivenöl in einer Pfanne erhitzen und die Zwiebeln darin glasig dünsten. Restlichen Knoblauch und Chili unterrühren, kurz mitdünsten. Das Hackfleisch zugeben, salzen und pfeffern und unter Rühren krümelig braun braten. Tomatenmark und Mais unterrühren und kurz mitbraten. Das Fleisch vom Herd nehmen. Koriandergrün waschen, trocken schütteln und fein hacken. Die Hälfte davon unter das Hackfleisch mischen.

3 Den Backofen auf 200° vorheizen. Die saure Sahne mit dem restlichen Koriandergrün und Kreuzkümmel verrühren, mit Salz und Pfeffer würzen. Gouda grob reiben. Die Tortillafladen mit der sauren Sahne bestreichen. Das Hackfleisch gleichmäßig darauf verteilen und gut die Hälfte vom Käse aufstreuen.

4 Die Fladen aufrollen und mit der Naht nach unten in die Form legen. Die Tomatensauce darauf verteilen und den restlichen Gouda darüberstreuen. Im heißen Ofen (Mitte, Umluft 180°) 25–30 Min. überbacken.

Heiße Hauptsache

Einfach perfekt: eine ganze Sattmacher-Mahlzeit aus einer Form oder direkt vom Blech! Ofenfrisch heiß und ideal für kalte Tage.

4 Personen | 1 große Auflaufform

600 g Rosenkohl | Salz
500 g Spätzle
  (aus dem Kühlregal)
1 Zwiebel
200 g Maronen
  (vakuumverpackt)
2 EL Butter
1 EL Puderzucker
200 ml Milch
200 g Sahne
4 Eier | Pfeffer
frisch geriebene Muskatnuss
100 g Allgäuer Emmentaler
Butter für die Form

Rosenkohl-Spätzle-Auflauf

winterlich | *im Bild links*
Zubereitung: ca. 30 Min. | Backen: ca. 40 Min. | Pro Portion: ca. 735 kcal

1 Rosenkohl waschen, putzen und halbieren. In Salzwasser zugedeckt bei mittlerer Hitze in ca. 5 Min. bissfest garen. Abgießen und abtropfen lassen. Spätzle nach Packungsanleitung garen, abgießen und abtropfen lassen. Zwiebel schälen und würfeln, Maronen grob zerteilen. Butter in einer Pfanne erhitzen. Zwiebel, Maronen und Rosenkohl darin anbraten. Puderzucker darüberstreuen und karamellisieren lassen.

2 Backofen auf 180° vorheizen, die Form fetten. Milch, Sahne und Eier verquirlen. Mit Salz, Pfeffer und Muskatnuss würzen. Den Käse reiben. Die Hälfte davon mit den Spätzle und dem Gemüse mischen. In die Form geben und die Eiermasse darübergießen. Mit dem übrigen Käse bestreuen. Im heißen Ofen (Mitte, Umluft 160°) in 35–40 Min. braun backen.

Fisch-Zucchini

sommerlich | *Zubereitung: ca. 30 Min.*
Backen: ca. 35 Min. | *Pro Portion: ca. 370 kcal*

Für 4 Personen | 1 große Auflaufform

3 große Zucchini (à ca. 350 g) | 1 Brötchen
2 Knoblauchzehen | 2 EL Kapern | 3 Sardellen-
filets (in Salzlake) | 1 Bund Petersilie
2 EL Olivenöl | 500 g Seelachsfilet | 1 Ei
80 g Ricotta | 1 EL Semmelbrösel | Salz
Pfeffer | frisch geriebene Muskatnuss
400 ml Fischfond (aus dem Glas)
1 EL frisch gepresster Zitronensaft

1 Zucchini waschen, putzen und in je vier
gleich große Stücke schneiden. Diese bis auf
ca. 1/2 cm Rand und 1 cm Boden aushöhlen.
Das Fruchtfleisch fein hacken. Brötchen in
Wasser einweichen. Knoblauch schälen, mit
Kapern und Sardellen hacken. Petersilie
waschen, trocken schütteln und hacken.

2 Backofen auf 200° vorheizen. Das Öl in einer
Pfanne erhitzen und das Zucchinifruchtfleisch darin anbraten. Knoblauch, Kapern
und Sardellen kurz mitbraten. Vom Herd
nehmen. Den Fisch kalt abspülen, trocken
tupfen und klein schneiden. Das Brötchen
ausdrücken und zerzupfen. Mit dem Fisch
fein pürieren. Gemüse, Fischpüree, Petersilie, Ei, Ricotta und Semmelbrösel verrühren. Mit Salz, Pfeffer und Muskatnuss würzen. Die Masse in die Zucchini füllen und
diese in die Form setzen. Fond und Zitronensaft zugießen und im heißen Backofen
(Mitte, Umluft 180°) 30–35 Min. garen.

Zucchini mit Brotfüllung

preiswert & unkompliziert | *Zubereitung: ca. 35 Min.*
Backen: ca. 20 Min. | *Pro Portion: ca. 470 kcal*

Für 4 Personen | 1 flache Auflaufform

4 Zucchini (à ca. 250 g) | 1 Zwiebel
1 Knoblauchzehe | 4 EL Olivenöl
Salz | Pfeffer | 250 g Weißbrot
250 g Mozzarella | 2 Tomaten
je 1/3 Bund Basilikum und Petersilie | 2 Eier

1 Zucchini waschen, putzen, längs halbieren.
Die Hälften bis auf ca. 1 cm Rand aushöhlen
und das Fruchtfleisch klein hacken. Zwiebel
und Knoblauch schälen und hacken. 2 EL Öl
in einer beschichteten Pfanne erhitzen und
die Zucchinihälften darin 3–5 Min. rundum
anbraten. Aus der Pfanne nehmen. 1 EL Öl
hineingeben, Zwiebel und Knoblauch darin
andünsten. Zucchinifruchtfleisch zugeben,
ca. 5 Min. anbraten, salzen und pfeffern.

2 Brot klein würfeln. Mozzarella trocken tupfen, ebenfalls würfeln. Tomaten waschen, ohne Stielansätze würfeln. Basilikum und Petersilie waschen, trocken schütteln, hacken.

3 Ofen auf 200° vorheizen, Form mit 1 EL Öl
auspinseln. Eier verquirlen. Zucchinigemü-
se, Brot, Mozzarella, Tomaten und Kräuter
zugeben. Salzen, pfeffern, gut vermischen
und ca. 10 Min. ziehen lassen. Die Masse
in die Zucchinihälften füllen. Zucchini in
die Form setzen und im heißen Backofen
(Mitte, Umluft 180°) ca. 20 Min. garen.

im Bild: Zucchini mit Brotfüllung

Bulgur-Auberginen
mit Kräuter-Joghurt-Dip

orientalisch gewürzt | *Zubereitung: ca. 30 Min.* | *Backen: ca. 40 Min.* | *Pro Portion: ca. 430 kcal*

Für 4 Personen | 1 große Auflaufform

Für die Auberginen:

4 Auberginen (à ca. 250 g)
6 EL Olivenöl
5 große Tomaten
2 Zwiebeln
1 Knoblauchzehe
200 g Bulgur
3 EL getrocknete Sauerkirschen
  (ersatzweise Cranberrys)
50 g Walnusskerne
2 EL Tomatenmark
Salz | Pfeffer
je 1/4 TL Zimtpulver und
  gemahlener Kreuzkümmel

Für den Dip:

5 Zweige Minze
ca. 1/3 Bund Dill
150 g griechischer Joghurt
  (10 % Fett)
1 kleine Knoblauchzehe
Salz | Pfeffer
1 Msp. Chilipulver
1/3 TL gemahlener
  Kreuzkümmel

1 Die Auberginen waschen, Stielansätze abschneiden und die Auberginen längs halbieren. 1–2 EL Öl in einer beschichteten Pfanne erhitzen und die Hälfte der Auberginen darin in 6–8 Min. rundum anbraten. Herausnehmen. Die restlichen Auberginen ebenso anbraten.

2 Den Backofen auf 180° vorheizen, die Form mit etwas Öl auspinseln. Die Tomaten waschen und quer in dünne Scheiben schneiden. Dabei die Stielansätze entfernen und den Saft auffangen. Zwiebeln und Knoblauch schälen und fein würfeln. Das übrige Öl in einem Topf erhitzen. Zwiebeln und Knoblauch darin andünsten. Bulgur einrühren und kurz anschwitzen. Den Tomatensaft und ca. 350 ml Wasser zugießen und den Bulgur zugedeckt bei schwacher Hitze 5 Min. quellen lassen.

3 Inzwischen die Sauerkirschen grob zerschneiden, Walnüsse grob hacken. Die Auberginen mit einem Teelöffel bis auf einen ca. 1 cm breiten Rand aushöhlen. Das Fruchtfleisch fein hacken und mit Kirschen, Nüssen und Tomatenmark unter den Bulgur mischen. Mit Salz, Pfeffer, Zimt und Kreuzkümmel würzen. Die Masse in die Auberginen füllen und mit Tomatenscheiben belegen. Salzen und pfeffern. Die Auberginen in die Form setzen und im heißen Ofen (Mitte, Umluft 160°) 30–40 Min. garen.

4 Für den Dip Minze und Dill waschen, und trocken schütteln. Blättchen und Spitzen abzupfen und fein hacken. Mit dem Joghurt mischen. Knoblauch schälen und dazupressen. Mit Salz, Pfeffer, Chilipulver und Kreuzkümmel pikant würzen. Zu den Auberginen servieren.

Gefüllte Hirsetomaten

vegetarisch | *Zubereitung: ca. 30 Min.* | *Backen: ca. 1 Std.* | *Pro Portion: ca. 250 kcal*

Für 4 Personen
1 kleine Auflaufform

8 reife Tomaten
10 schwarze Oliven in Öl
1 Zwiebel
1 Knoblauchzehe
2 EL Olivenöl
100 g Hirse
Salz | Pfeffer
2 Msp. Chilipulver
1/2 TL gemahlener
   Kreuzkümmel
300 ml Gemüsebrühe
1/2 Bund Petersilie
70 g Schafkäse (Feta)

1 Die Tomaten waschen und oben einen Deckel abschneiden. Das Fruchtfleisch mit einem Teelöffel aus dem unteren Teil herauslösen und klein hacken. Oliven in kleine Stücke schneiden, dabei den Stein entfernen. Zwiebel und Knoblauch schälen und würfeln.

2 Öl in einem Topf erhitzen, Zwiebel und Knoblauch darin andünsten. Hirse einrühren und anschwitzen. Tomaten- und Olivenstücke zugeben, mit Salz, Pfeffer, Chilipulver und Kreuzkümmel würzen. Ca. 100 ml Brühe zugießen, alles zugedeckt bei sehr schwacher Hitze ca. 10 Min. quellen lassen.

3 Inzwischen den Backofen auf 180° vorheizen. Die Petersilie waschen, trocken schütteln und hacken. Schafkäse in Stücke schneiden. Beides unter die Hirse mischen. Die Hirsemasse in die Tomaten füllen und die Deckel auflegen. Die Tomaten in die Form setzen und die übrige Brühe angießen. Im heißen Ofen (Mitte, Umluft 160°) 50–60 Min. garen.

Gefüllte Paprikaschoten

mediterraner Klassiker | *Zubereitung: ca. 45 Min.* | *Backen: ca. 1 Std.* | *Pro Portion: ca. 410 kcal*

Für 4 Personen
1 kleine Auflaufform

100 g Reis
4 große Paprikaschoten
  (rot oder grün)
1 große Zwiebel
2 Knoblauchzehen
5 EL Olivenöl
300 g Rinderhackfleisch
4 EL Tomatenmark
1 1/2 TL getrockneter Oregano
Salz | Pfeffer
je 1/2 Bund Minze
  und Petersilie
150 g passierte Tomaten
  (aus dem Tetrapak)
200 ml Gemüsebrühe

1 Reis in kaltem Wasser 30 Min. einweichen. Inzwischen den oberen Teil der Paprika als Deckel abschneiden. Die Schoten putzen und waschen. Zwiebel und Knoblauch schälen und fein würfeln. Den Reis abgießen und abtropfen lassen.

2 In einem Topf 2 EL Öl erhitzen. Zwiebel und Knoblauch darin andünsten. Hackfleisch, 3 EL Tomatenmark und 1 TL Oregano zugeben. Salzen, pfeffern und unter Rühren krümelig braten. Den Reis zugeben und kurz anschwitzen. Ca. 125 ml Wasser zugießen und alles zugedeckt bei schwacher Hitze 5–7 Min. garen.

3 Backofen auf 180° vorheizen. Minze und Petersilie waschen, trocken schütteln und fein hacken. Unter die Hackmasse mischen. Restliches Öl, Tomatenmark, Oregano und Tomatenpüree mit der Brühe verrühren. Salzen und pfeffern und in die Form gießen. Die Paprika mit der Hackmasse füllen und die Deckel auflegen. Die Schoten in die Form stellen und im heißen Ofen (Mitte, Umluft 160°) ca. 1 Std. garen.

Rosmarin-Blechkartoffeln

sommerlich & preiswert | *Zubereitung: ca. 10 Min.* | *Backen: ca. 1 Std.* | *Pro Portion: ca. 305 kcal*

Für 4 Personen | 1 Backblech

1 kg kleine festkochende
  Kartoffeln (mit möglichst
  dünner Schale)
2 Knoblauchzehen
2 Zweige Rosmarin
6 EL Olivenöl
grobes Meersalz
schwarzer Pfeffer

1 Den Backofen auf 200° vorheizen. Kartoffeln mit einer Bürste in reichlich Wasser kräftig abbürsten. Die Knollen halbieren. Knoblauch schälen und durchpressen. Rosmarin waschen, trocken schütteln, Nadeln abzupfen und hacken. Beides mit 4 EL Olivenöl verrühren und die Kartoffeln auf der Schnittseite damit bepinseln. Salzen und pfeffern.

2 Ein Backblech mit 2 EL Öl bepinseln. Die Kartoffeln mit der Schnittseite nach unten darauflegen. Im heißen Backofen (Mitte, Umluft nicht empfehlenswert) 40–45 Min. garen. Kartoffeln wenden und in weiteren 10–15 Min. goldbraun backen. Ideal zu Gegrilltem oder solo mit Dip und Salat.

Clever dazu

Zu den Blechkartoffeln passt ein **Paprikaquark.** Dafür 1 rote Paprikaschote waschen, halbieren, putzen und fein würfeln. 100 g Feta mit einer Gabel zerdrücken. Mit 300 g Sahnequark, 2 EL Ajvar und je 2 EL gehacktem Dill und Petersilie verrühren. Paprikawürfel unterheben und mit Salz, Pfeffer und edelsüßem Paprikapulver würzen. Auch fein zu (ungefüllten) Ofenkartoffeln.

Gefüllte Ofenkartoffeln

herzhaft & deftig | *Zubereitung: ca. 20 Min.* | *Backen: ca. 1 Std. 15 Min.* | *Pro Portion: ca. 490 kcal*

Für 4 Personen | 1 Backblech

8 mehligkochende Kartoffeln
 (à ca. 150 g)
200 g Münsterkäse
1/2 TL Kümmelsamen
1 Bund Schnittlauch
2 Eier | Salz
3 EL Butter
2 EL Crème fraîche
1 EL körniger Senf
Pfeffer
frisch geriebene Muskatnuss

Außerdem:

Alufolie

1 Den Backofen auf 250° vorheizen. Kartoffeln gründlich waschen und rundum mehrmals mit einer Gabel einstechen. Einzeln in Alufolie einwickeln und auf den Backrost legen. Im heißen Ofen (Mitte, Umluft 230°) 45–50 Min. backen. Herausnehmen, auswickeln, halbieren und auskühlen lassen.

2 Ofen auf 200° herunterschalten. Käse klein würfeln, Kümmel hacken. Schnittlauch waschen, trocken schütteln, in Röllchen schneiden. Die Kartoffeln bis auf ca. 1 cm Rand aushöhlen. Das Innere mit einer Gabel fein zerdrücken.

3 Die Eier trennen, die Eiweiße mit einer Prise Salz steif schlagen. Die Eigelbe mit 2 EL Butter, Crème fraîche und Senf verrühren. Mit der Kartoffelmasse, Käse, Kümmel und Schnittlauch mischen. Mit Salz, Pfeffer und Muskatnuss würzen. Den Eischnee unterheben und die Masse in die Kartoffelhälften füllen. Ein Backblech mit 1 EL Butter fetten. Die Kartoffelhälften daraufsetzen und im heißen Backofen (Mitte, Umluft 180°) in ca. 25 Min. goldbraun backen.

Sommerliches Ofengemüse

mediterran | *Zubereitung: ca. 25 Min.* | *Backen: ca. 45 Min.* | *Pro Portion: ca. 175 kcal*

Für 4–6 Personen | 1 Backblech

300 g Staudensellerie | je 1 rote und grüne Paprikaschote | 1 große Fenchelknolle
2 Zucchini | 1 Aubergine | 800 g Kirschtomaten | 1 Gemüsezwiebel | 3 Knoblauchzehen
1 rote Chilischote | 8 Zweige Thymian
3 Zweige Rosmarin | 3 EL Olivenöl | Salz
Pfeffer | 200 ml Weißwein (ersatzweise Brühe)

1 Backofen auf 200° vorheizen. Das Gemüse waschen. Staudensellerie putzen und schräg in 2 cm breite Stücke schneiden. Die Paprika halbieren, putzen und in Stücke schneiden. Den Fenchel putzen, halbieren und in Stücke schneiden. Zucchini und Aubergine putzen, längs halbieren und in 2 cm breite Stücke schneiden. Tomaten halbieren. Zwiebel schälen, vierteln, in schmale Spalten schneiden. Knoblauch schälen und in dünne Scheiben schneiden. Chilischote waschen, halbieren, entkernen, fein würfeln. Thymian und Rosmarin waschen und trocken schütteln. Den Rosmarin in Zweigchen zupfen. Gemüse, Zwiebel, Knoblauch, Chili und Kräuter in einer Schüssel mit dem Öl mischen. Salzen, pfeffern und auf einem Backblech verteilen.

2 Das Gemüse im heißen Backofen (Mitte, Umluft 180°) 15–20 Min. garen. Einmal durchmischen und mit dem Wein begießen. Alles 20–25 Min. weitergaren, dabei eventuell nochmals durchrühren. Schmeckt heiß oder kalt als Antipasti.

Herbstliches Ofengemüse

Für 4–6 Personen | Ca. **1,2 kg Kürbis** (z. B. Muskat- oder Hokkaidokürbis) schälen, Kerne und faseriges Fleisch herausschaben und das Fruchtfleisch in ca. 3 x 5 cm große Stücke schneiden. **4 große Möhren** schälen, putzen und schräg in dicke Scheiben schneiden. **2 Stangen Lauch** putzen, waschen und in ca. 4 cm lange Stücke schneiden. Ca. **500 g Petersilienwurzeln** schälen, putzen und in ca. 3 cm große Stücke schneiden. **200 g Schalotten** schälen und vierteln, 4 Knoblauchzehen schälen und in Scheiben schneiden. **3 Zweige Rosmarin** waschen, trocknen und in kleine Zweigchen zupfen. Alles mit **2 halbierten Lorbeerblättern** und **5 EL Olivenöl** mischen. Kräftig **salzen** und **pfeffern**. Auf einem Backblech verteilen und im auf 200° vorgeheizten Ofen (Mitte, Umluft 180°) 10–15 Min. garen. Etwa die Hälfte von **250 ml frisch gepresstem Orangensaft** zugießen und alles 25–30 Min. weitergaren. Dabei den restlichen Saft nach und nach zugießen und das Gemüse ein- bis zweimal vorsichtig wenden. Wer will, gibt zusätzlich 2–3 geschälte und in schmale Spalten geschnittene kleine **Rote Bete** zum Gemüse (sie färben allerdings).

57

Gratinierter Basilikum-Kohlrabi

frühlingsfein | *Zubereitung: ca. 45 Min.*
Backen: ca. 25 Min. | *Pro Portion: ca. 425 kcal*

Für 4 Personen | 1 kleine Auflaufform

4 Kohlrabi (à ca. 300 g) | Salz | 1 Bund
Basilikum | 150 g Gouda | 1 Zwiebel
1 Knoblauchzehe | 2 EL Butter | 200 g Sahne
100 ml Weißwein (ersatzweise Brühe) | Pfeffer
frisch geriebene Muskatnuss | 1 1/2 EL frisch
gepresster Zitronensaft | Butter für die Form

1 Kohlrabi schälen und längs halbieren. In
einem Topf mit Salzwasser zugedeckt bei
mittlerer Hitze 25–30 Min. garen. Inzwischen Basilikum waschen, trocken schütteln
und die Blätter abzupfen. Käse reiben. Zwiebel und Knoblauch schälen und hacken.
Butter erhitzen und beides darin andünsten.
Sahne und Wein zugießen, mit Salz, Pfeffer
und Muskatnuss würzen. Offen 3 Min. kochen lassen, mit Zitronensaft abschmecken.

2 Den Backofen auf 200° vorheizen, die Form
fetten. Die Kohlrabi in ein Sieb abgießen,
kalt abbrausen und abtropfen lassen. Jede
Kohlrabihälfte auf der runden Seite in ca.
1 cm Abstand mehrmals tief einschneiden.
In jeden Einschnitt 1 Basilikumblatt stecken.
Das übrige Basilikum in Streifen schneiden
und in die Sauce rühren. Kohlrabihälften in
die Form setzen, mit Sauce übergießen und
mit Käse bestreuen. Im heißen Ofen (Mitte,
Umluft 180°) in ca. 25 Min. gratinieren.

Indisches Blumenkohlgratin

vegetarisch | *Zubereitung: ca. 20 Min.*
Backen: ca. 25 Min. | *Pro Portion: ca. 245 kcal*

Für 4 Personen | 1 kleine Auflaufform

1 Blumenkohl (ca. 1 kg) | Salz
10 Kirschtomaten | 1 große Zwiebel
1 Stück frischer Ingwer (ca. 3 cm)
2 EL Butter | 1 TL Kreuzkümmelsamen
500 g Joghurt | 1 EL Mehl
3 Eier | Pfeffer | 1/2 TL Kurkumapulver
2 TL Garam Masala
1/2 Bund Koriandergrün

1 Blumenkohl waschen, putzen und in Röschen teilen. Diese in reichlich Salzwasser
zugedeckt bei mittlerer Hitze in 10–12 Min.
bissfest garen. Abgießen, abtropfen lassen.

2 Den Backofen auf 190° vorheizen. Tomaten
waschen und vierteln, dabei die Stielansätze
entfernen. Zwiebel schälen und würfeln,
Ingwer schälen und fein hacken. Die Butter
erhitzen und die Zwiebel darin andünsten.
Kreuzkümmel und Ingwer mitbraten, bis
sich die Zwiebel hell bräunt.

3 Joghurt, Mehl, Eier, Pfeffer, Kurkuma und
Garam Masala gut verquirlen. Die Zwiebelmasse unterrühren und kräftig salzen.
Blumenkohl und Tomaten in der Form
mischen. Die Joghurtcreme darübergießen.
Im heißen Ofen (Mitte, Umluft 170°) in
ca. 25 Min. goldgelb garen. Den Koriander
waschen, hacken und darüberstreuen.

im Bild: Indisches Blumenkohlgratin

Karamellisierter Nuss-Chicorée

einfach & gut | *Zubereitung: ca. 20 Min.* | *Garen: ca. 25 Min.* | *Pro Portion: ca. 745 kcal*

Für 4 Personen
1 flache Auflaufform

8 große Stauden Chicorée
Salz | 120 g Haselnusskerne
250 g magerer
  geräucherter Speck
2 Birnen
1/2 Bund Thymian
1 EL Butter | Pfeffer
4 EL Zucker
200 ml Gemüsebrühe
50 ml Weißwein (nach Belieben,
  ersatzweise Brühe)

1 Den Chicorée waschen, putzen und halbieren. Die inneren Blättchen herauslösen. Die Hälften in kochendem Salzwasser 5–7 Min. garen. Herausheben und abtropfen lassen, den Strunk herausschneiden.

2 Den Backofen auf 220° vorheizen. Die inneren Chicoréeblättchen fein hacken. Nüsse grob hacken, Speck fein würfeln. Birnen waschen, vierteln und das Kerngehäuse entfernen. Das Fruchtfleisch in kleine Würfel schneiden. Thymian waschen, trocknen, Blättchen abzupfen und hacken.

3 Die Butter in einer Pfanne erhitzen und den Speck darin anbraten. Chicoréestückchen, Nüsse, Thymian und Birnen zugeben. Unter Rühren 2 Min. braten, salzen und pfeffern. Die Masse in die Chicoréehälften füllen und mit Zucker bestreuen. Brühe und nach Belieben Wein in die Form gießen. Die Chicoréehälften hineinsetzen und im heißen Backofen (Mitte, Umluft 200°) ca. 25 Min. garen.

Gratinierter Gorgonzola-Staudensellerie

schnell gemacht | *Zubereitung: ca. 25 Min.* | *Backen: ca. 20 Min.* | *Pro Portion: ca. 465 kcal*

Für 4 Personen
1 große Auflaufform

1 kg Staudensellerie
4 EL Rosinen | Salz
2 Schalotten
200 g Gorgonzola
2 1/2 EL Butter
200 g Sahne
Pfeffer | Chilipulver
Staudenselleriegrün (ersatzweise 1/4 Bund Petersilie)

1 Den Staudensellerie waschen und putzen. Das Grün bei-
seitelegen, die Stangen in ca. 10 cm lange Stücke schneiden.
Mit den Rosinen in kochendem Salzwasser bei mittlerer
Hitze zugedeckt 6–8 Min. garen. In ein Sieb abgießen, das
Kochwasser auffangen.

2 Inzwischen den Backofen auf 220° vorheizen. Schalotten
schälen und fein würfeln. Gorgonzola in Stücke schneiden.
2 EL Butter in einem Topf erhitzen und die Schalotten darin
goldgelb andünsten. Sahne und 100 ml Kochwasser zugießen und offen bei mittlerer Hitze 5 Min. kochen lassen.
Den Gorgonzola unterrühren und mit Salz, Pfeffer und
Chilipulver würzen.

3 Die Form mit 1/2 EL Butter fetten. Sellerie und Rosinen
darin verteilen und mit der Gorgonzolasahne übergießen.
Im heißen Backofen (Mitte, Umluft 200°) in 15–20 Min.
gratinieren. Das Selleriegrün fein hacken und über das
Gratin streuen.

Wirsing-Kartoffel-Auflauf

deftiges Wintergericht | *Zubereitung: ca. 50 Min.*
Backen: ca. 40 Min. | *Pro Portion: ca. 605 kcal*

Für 4–6 Personen | 1 große Auflaufform

800 g mehligkochende Kartoffeln
Salz | 800 g Wirsing
100 g geräucherter Speck
2 Zwiebeln | 2 Knoblauchzehen
1 TL Kümmelsamen | 1 EL Pflanzenöl
1 EL gekörnte Fleischbrühe
Pfeffer | 150 g Greyerzer Käse
250 g Magerquark | 150 g Sahne
2 Eier | Butter für die Form

1 Die Kartoffeln waschen und mit Schale in ausreichend Salzwasser zugedeckt bei mittlerer Hitze ca. 20 Min. garen.

2 Inzwischen den Wirsing in Blätter teilen, den Strunkansatz jeweils entfernen. Die Blätter waschen, längs halbieren und quer in 2 cm breite Streifen schneiden. Speck klein würfeln. Zwiebeln und Knoblauch schälen und fein hacken. Den Kümmel mit einem großen Messer grob hacken.

3 Das Öl in einem Topf erhitzen. Speck, Zwiebeln und Knoblauch darin hellbraun andünsten. Wirsing und Kümmel zugeben und unter Rühren bei starker Hitze 2 Min. anbraten. Gekörnte Brühe und 80 ml Wasser unterrühren. Salzen, pfeffern und zugedeckt bei mittlerer Hitze ca. 8 Min. garen. Vom Herd nehmen und leicht abkühlen lassen.

4 Den Backofen auf 180° vorheizen, die Form fetten. Die Kartoffeln abgießen und ausdampfen lassen. Pellen und in 1 cm dicke Scheiben schneiden. Käse reiben. Den Wirsing mit Quark und ca. 50 g Sahne verrühren, mit Salz und Pfeffer abschmecken. Die Eier und die übrige Sahne verquirlen, salzen und pfeffern. Die Kartoffeln in der Form verteilen, darauf knapp die Hälfte vom Wirsing und vom Käse geben. Den restlichen Wirsing darauf verteilen, mit der Eiersahne übergießen und mit dem übrigen Käse bestreuen. Im heißen Backofen (Mitte, Umluft 160°) in 35–40 Min. goldbraun backen.

Grünkohl-Kartoffel-Auflauf

Mal nicht norddeutsch, sondern spanisch abgeschmeckt. *Für 4 Personen* | 1 kg frischen **Grünkohl** (ersatzweise 750 g Grünkohl aus der Dose) waschen. Blätter von den Stielen schneiden und in einem großen Topf bei starker Hitze in ca. 3 Min. zusammenfallen lassen. In einem Sieb kalt überbrausen, abtropfen lassen. Ausdrücken, fein hacken. **450 g festkochende Kartoffeln** waschen, schälen und klein würfeln. **250 g Chorizo** (span. Paprikawurst) in Scheiben schneiden. **3 Zwiebeln** und **2 Knoblauchzehen** schälen und hacken. **3 EL Schmalz** in einem Topf erhitzen. Zwiebeln, Knoblauch und Chorizo darin kurz andünsten. Den Grünkohl zugeben und kräftig mit **Salz, Pfeffer** und **Chilipulver** würzen. **400 ml Rinderfond** (aus dem Glas) zugießen, Kartoffeln zugeben und alles zugedeckt bei mittlerer Hitze ca. 20 Min. garen. Je **150 g Manchego und Emmentaler** reiben. Grünkohl in eine gefettete Auflaufform geben, mit Käse bestreuen und im auf 180° vorgeheizten Ofen (Mitte, Umluft 160°) 35–40 Min. garen.

Sauerkraut-
Schupfnudel-Gratin

winterlich-deftig | *Zubereitung: ca. 20 Min.*
Backen: ca. 45 Min. | *Pro Portion: ca. 960 kcal*

Für 4 Personen | 1 kleine Auflaufform

2 Zwiebeln | 200 g Frühstücksspeck in
Scheiben (Bacon) | 250 g geräuchertes
Kasseler | 1 Apfel | 500 g Sauerkraut (frisch
oder aus der Dose) | 1 1/2 EL Butter
500 g Schupfnudeln (aus dem Kühlregal)
200 g Sahne | 150 g Crème fraîche
3 Eier | Salz | Pfeffer

1 Die Zwiebeln schälen und fein hacken.
Den Speck bis auf 5 Scheiben würfeln,
Kasseler in 2 cm große Würfel schneiden.
Den Apfel waschen, vierteln und das Kerngehäuse entfernen. Die Viertel in Stücke
schneiden. Das Sauerkraut bei Bedarf abtropfen lassen und leicht auspressen.

2 In einem Topf 1 EL Butter erhitzen. Die
Speck- und Zwiebelwürfel darin andünsten.
Apfelstücke, Kasseler und Kraut zugeben.
Offen bei schwacher Hitze 2 Min. garen.
Schupfnudeln unterheben.

3 Backofen auf 190° vorheizen, die Form mit
1/2 EL Butter fetten. Sahne, Crème fraîche
und Eier verquirlen, salzen und pfeffern.
Die Sauerkrautmasse in die Form füllen und
mit der Eiersahne übergießen. Im heißen
Ofen (Mitte, Umluft 170°) ca. 35 Min. garen.
Die übrigen Speckscheiben darauf verteilen
und in 5–10 Min. fertig garen.

Lauch-
Quark-Auflauf

preiswert & vollwertig | *Zubereitung: ca. 25 Min.*
Garen: ca. 45 Min. | *Pro Portion: ca. 595 kcal*

Für 4 Personen | 1 kleine Auflaufform

1 kg Lauch | Salz | 100 g Bergkäse | 3 Eier
500 g Quark (20 % Fett) | 100 g Sahne
Pfeffer | edelsüßes Paprikapulver | frisch
geriebene Muskatnuss | 100 g Vollkornmehl
3 EL Kernemix (s. Tipp) | Butter für die Form

1 Den Lauch putzen, in ca. 10 cm lange Stücke
schneiden und waschen. Die Stücke in
reichlich kochendem Salzwasser ca. 5 Min.
kochen. Abgießen und kalt abbrausen.

2 Den Backofen auf 200° vorheizen, die Form
mit Butter fetten. Käse fein reiben. Die Eier
trennen, die Eiweiße mit einer Prise Salz
steif schlagen. Den Quark mit den Eigelben,
der Sahne und der Hälfte vom Käse gut
verrühren. Kräftig mit Salz, Pfeffer, Paprikapulver und Muskat würzen. Den Eischnee
und das Mehl unterheben und die Masse
in die Form füllen. Den Lauch darauf verteilen und leicht eindrücken. Mit dem übrigen Käse und dem Kernemix bestreuen.
Den Auflauf im heißen Ofen (Mitte, Umluft
180°) ca. 45 Min. garen.

Gut zu wissen

Kernemix ist eine Mischung aus zumeist Pinien-,
Sonnenblumen- und Kürbiskernen. Diesen leckeren
Mix zum Kochen oder Bestreuen von Salaten gibt's
fertig abgepackt im Supermarkt.

im Bild: Sauerkraut-Schupfnudel-Gratin

Rotkrautstrudel mit Orangensauce

vegetarisch & gästefein | *Zubereitung: ca. 1 Std. 20 Min.* | *Backen: ca. 35 Min.* | *Pro Portion: ca. 310 kcal*

Für 4 Personen

Für den Strudel:

600 g Rotkraut
1 Apfel (z. B. Boskop)
4 Kumquats
2 Zwiebeln
4 EL Butter
50 ml Rotwein
   (ersatzweise Orangensaft)
Salz | Pfeffer
2 EL Orangenmarmelade
150 ml Gemüsebrühe
50 g rote Linsen
100 g Strudelteig
   (aus dem Kühlregal)

Für die Sauce:

3 Schalotten
1 EL Butter | 1 EL Mehl
100 ml frisch gepresster
   Orangensaft
150 ml Gemüsebrühe
abgeriebene Schale
   von 1/2 Bio-Orange
Salz | Pfeffer
2 Zweige Estragon
5 EL Sahne

Außerdem:

Backpapier
Geschirrtuch

1 Rotkraut längs vierteln, Strunk großzügig ausschneiden. Die Viertel waschen und quer in schmale Streifen schneiden. Apfel waschen, vierteln, entkernen und in kleine Stücke schneiden. Kumquats waschen, in Scheiben schneiden und entkernen. Die Scheiben vierteln. Zwiebeln schälen und fein hacken.

2 In einem Topf 2 EL Butter erhitzen, Zwiebeln darin andünsten. Das Kraut unter Rühren kurz mitdünsten. Wein, Apfel und Kumquats unterrühren. Salzen, pfeffern, zugedeckt bei schwacher Hitze 15–20 Min. garen. Marmelade einrühren, das Gemüse abkühlen lassen. Brühe in einem Topf aufkochen. Linsen einstreuen, zugedeckt bei mittlerer Hitze ca. 8 Min. garen. In einem Sieb abtropfen und abkühlen lassen.

3 Ofen auf 180° vorheizen. Ein Backblech mit Backpapier belegen. Übrige Butter schmelzen. Strudelteig nach Packungsanweisung auf dem Geschirrtuch ausbreiten und mit flüssiger Butter bepinseln (**Bild 1**). Das Kraut auf dem Teig verteilen, dabei rundherum einen 3 cm breiten Rand frei lassen (**Bild 2**). Die Linsen auf dem Kraut verteilen und den Teig mithilfe des Tuchs aufrollen (**Bild 3**). Mit der Naht nach unten aufs Blech legen. Mit übriger flüssiger Butter bepinseln und im heißen Ofen (Mitte, Umluft 160°) in ca. 35 Min goldbraun backen.

4 Inzwischen für die Sauce die Schalotten schälen und fein hacken. Butter erhitzen und die Schalotten darin glasig dünsten. Mehl darüberstäuben und anschwitzen. Orangensaft und Brühe einrühren. Mit Orangenschale, Salz und Pfeffer würzen und zugedeckt bei schwacher Hitze 20 Min. köcheln lassen. Mit dem Mixstab fein pürieren. Estragon waschen, trocken schütteln, Blättchen fein hacken. Mit der Sahne in die Sauce rühren und bei schwacher Hitze 2 Min. ziehen lassen. Den Strudel aus dem Ofen nehmen und 2–3 Min. ruhen lassen. In Stücke schneiden und mit der Sauce servieren.

Kürbis-Quinoa-Gratin

vollwertig │ Zubereitung: ca. 35 Min. │ Backen: ca. 30 Min. │ Pro Portion: ca. 390 kcal

Für 4 Personen
1 kleine Auflaufform

125 g Quinoa
450 ml Gemüsebrühe
ca. 1,4 kg Kürbis
  (1 kg Fruchtfleisch)
Salz
4 EL Butter
2 Knoblauchzehen
4 Zweige Thymian
Pfeffer
Chilipulver
2 Eier
1/2 TL getrockneter Oregano
40 g gemahlene Haselnüsse
50 g frisch geriebener Pecorino

1 Quinoa mit 125 ml Brühe aufkochen und bei mittlerer Hitze ca. 20 Min. garen. Vom Herd nehmen und zugedeckt 10 Min. quellen lassen. Inzwischen den Kürbis schälen, die Kerne herausschaben und das Fruchtfleisch in 5 cm lange und 1/2 cm dicke Spalten schneiden. Diese in kochendem Salzwasser ca. 3 Min. garen. Abgießen und abtropfen lassen.

2 Backofen auf 180° vorheizen, die Form mit 1 TL Butter fetten. Knoblauch schälen und hacken. Thymian waschen, trocken schütteln, Blättchen abzupfen und hacken. 2 EL Butter in einer Pfanne erhitzen. Kürbis, Knoblauch und Thymian darin bei mittlerer Hitze ca. 3 Min. braten. Mit Salz, Pfeffer und Chilipulver würzen. Die übrige Brühe zugießen und 2 Min. weitergaren. Den Kürbis in die Form füllen.

3 Die Eier trennen, die Eiweiße mit einer Prise Salz steif schlagen. Quinoa mit restlicher Butter, Eigelben und Oregano mischen. Eischnee, Nüsse und Käse unterheben. Die Masse auf den Kürbis streichen. Das Gratin im heißen Backofen (Mitte, Umluft 160°) 25–30 Min. garen.

Wintergemüsegratin

wärmender Sattmacher | *Zubereitung: ca. 35 Min.* | *Backen: ca. 1 Std. 5 Min.* | *Pro Portion: ca. 490 kcal*

Für 4 Personen
1 kleine Auflaufform

2 Schalotten
5 EL Butter | 1 Lorbeerblatt
2 EL Mehl
450 ml Milch
200 ml Gemüsebrühe
Salz | Pfeffer
frisch geriebene Muskatnuss
2 EL körniger Senf
1 Msp. geriebener Meerrettich
  (aus dem Glas)
je 150 g Knollensellerie,
  Möhren und Pastinaken
300 g Steckrübe
400 g festkochende Kartoffeln
1 kleine Stange Lauch
180 g Bergkäse

1 Die Schalotten schälen und fein hacken. 2 EL Butter in einem Topf erhitzen. Schalotten und Lorbeerblatt darin andünsten. Mehl darüberstäuben und 3 Min. anschwitzen. Milch und Brühe nach und nach mit dem Schneebesen unterrühren (s. S. 11). Aufkochen lassen. Mit Salz, Pfeffer, Muskatnuss, Senf und Meerrettich würzen. Die Sauce bei schwacher Hitze 15 Min. köcheln lassen. Das Lorbeerblatt entfernen.

2 Den Backofen auf 180° vorheizen, die Form mit etwas Butter fetten. Sellerie, Möhren, Pastinaken, Steckrübe, Kartoffeln und Lauch waschen, schälen und putzen. Knollen und Rüben in ca. 2 cm große Würfel schneiden. Den Lauch längs vierteln und in kleine Stücke schneiden. Übrige Butter in einer Pfanne erhitzen. Sellerie, Möhren, Pastinaken und Lauch darin in 3–4 Min. rundum leicht braun anbraten, salzen und pfeffern. Mit Steckrübe und Kartoffeln mischen. Gemüse in die Form füllen und mit der Sauce übergießen. Im heißen Ofen (Mitte, Umluft 160°) ca. 50 Min. garen. Käse reiben, darüberstreuen und 10–15 Min. weitergaren.

Couscousauflauf
mit Joghurt-Schafkäse-Guss

orientalisch-sommerlich | *Zubereitung: ca. 35 Min.* | *Backen: ca. 35 Min.* | *Pro Portion: ca. 600 kcal*

Für 4 Personen
1 kleine Auflaufform

200 g Instant-Couscous
Salz | 1 EL Butter
2 Zucchini (ca. 300 g)
1 Aubergine (ca. 350 g)
2 Knoblauchzehen
4 EL Olivenöl | Pfeffer
700 g Fleischtomaten
1/2 Bund Minze
250 g Schafkäse (Feta)
2 Eier
1 TL Mehl
300 g Joghurt
1 EL getrockneter Oregano
1/2 TL Chilipulver
1 1/2 TL gemahlener
  Kreuzkümmel
Butter für die Form

1 Den Couscous mit 400 ml kochendem Wasser übergießen und salzen. Zugedeckt bei sehr schwacher Hitze ca. 10 Min. quellen lassen. Die Butter unterrühren, vom Herd nehmen und zugedeckt weitere 10 Min. quellen lassen.

2 Inzwischen Zucchini und Aubergine waschen, putzen und in ca. 1 cm große Würfel schneiden. Den Knoblauch schälen, 1 Zehe hacken. 2 EL Öl in einer beschichteten Pfanne erhitzen. Die Auberginen und die Hälfte der Knoblauchwürfel darin anbraten, salzen und pfeffern. Herausnehmen.

3 Wieder 2 EL Öl erhitzen und die Zucchini mit den übrigen Knoblauchwürfeln darin anbraten. Salzen und pfeffern. Tomaten waschen und in kleine Würfel schneiden, dabei die Stielansätze entfernen. Minze waschen, trocken schütteln und hacken. Schafkäse mit einer Gabel zerdrücken.

4 Den Backofen auf 200° vorheizen, die Form fetten. Die Eier und das Mehl mit dem Schneebesen gut verquirlen. Joghurt und die Hälfte Schafkäse unterrühren, die restliche Knoblauchzehe dazupressen. Mit Salz, Pfeffer und je der Hälfte Minze, Oregano, Chili und Kreuzkümmel würzen.

5 Das Gemüse mit der Hälfte Tomaten, übriger Minze, Oregano, Chili, Kreuzkümmel und Schafkäse mischen. Die Hälfte Couscous in die Form füllen, darauf das Gemüse verteilen. Die zweite Hälfte Couscous darübergeben und mit den übrigen Tomaten bestreuen. Mit der Joghurtcreme übergießen und im heißen Ofen (Mitte, Umluft 180°) 30–35 Min. garen.

Clever variieren
Statt Schafkäse **400 g Merguez- oder türkische Lammwürste** würfeln, in wenig Öl anbraten und unter das Gemüse mischen.

Italienischer Brotauflauf mit Pesto

preiswert & einfach | *Zubereitung: ca. 20 Min.* | *Backen: ca. 25 Min.* | *Pro Portion: ca. 630 kcal*

Für 4 Personen | 1 kleine Auflaufform

350 g italienisches Weißbrot
4 EL Pesto (aus dem Glas)
4 Tomaten
400 g Fontina-Käse
3 Eier | 250 ml Milch
100 ml Gemüsebrühe
Salz | Pfeffer
1 TL getrockneter Oregano
1 Knoblauchzehe
Olivenöl für die Form
3 Stängel Basilikum

1 Das Brot in ca. 1,5 cm dicke Scheiben schneiden, sehr große Scheiben halbieren. Von der Kruste her eine tiefe Tasche in die Brotscheiben einschneiden und das Pesto gleichmäßig in den Einschnitten verstreichen. Die Scheiben leicht zusammendrücken. Die Tomaten waschen und quer in Scheiben schneiden, dabei die Stielansätze entfernen. Käse in Scheiben schneiden.

2 Die Eier mit Milch und Gemüsebrühe gut verquirlen. Die Mischung mit Salz, Pfeffer und Oregano würzen. Die Knoblauchzehe halbieren. Die Form damit ausreiben und mit etwas Öl auspinseln.

3 Die Brot-, Tomaten- und Käsescheiben in dieser Reihenfolge dachziegelartig in die Form schichten. Die Eiermilch darübergießen und kurz ziehen lassen.

4 Inzwischen den Backofen auf 200° vorheizen. Den Auflauf im heißen Ofen (Mitte, Umluft 180°) in 20–25 Min. goldbraun backen. Das Basilikum waschen und trocken schütteln. Die Blättchen hacken und über den Auflauf streuen. Mit einem Salat servieren.

Schweizer Ramequin

Diese Spezialität erinnert an Fondue in Auflaufform. *Für 4 Personen* | **8 Scheiben Toastbrot** (oder Weißbrot) diagonal halbieren und mit **120 ml Weißwein** beträufeln. **8 Scheiben Appenzeller oder Raclette-Käse** (je ca. 4 mm dick) ebenfalls diagonal halbieren. Eine Auflaufform mit **Butter** fetten. Das Brot und den Käse abwechselnd dachziegelartig einschichten. **2 Eier** (Größe L) mit **200 g Sahne** und **100 ml Milch** verquirlen. Mit **Salz, Pfeffer** und **Muskatnuss** würzen und über das Brot gießen. Im auf 200° vorgeheizten Backofen (Mitte, Umluft 180°) in 20–25 Min. goldbraun backen. Dazu schmeckt gemischter Blattsalat oder Feldsalat mit Walnüssen (s. S. 17).

Besonders clever!

Sie können die **Brotscheiben** vor dem Füllen noch kurz im Toaster oder Backofen **anrösten** und anschließend mit **Knoblauch** abreiben. Dann aber unbedingt vorher für das Pesto einschneiden.

Tomaten-Polenta-Schnitten

gut vorzubereiten | Zubereitung: ca. 40 Min. | Kühlen: ca. 6 Std. | Backen: ca. 15 Min. | Pro Portion: ca. 630 kcal

Für 4 Personen

100 g getrocknete Tomaten in Öl
1/2 Bund Thymian | 1 Zwiebel
4 EL Olivenöl | 1 l Gemüsebrühe
300 g Polenta (Maisgrieß)
50 g geriebener Parmesan
8 Eiertomaten (ersatzweise
kleine Tomaten) | Salz | Pfeffer
1 TL getrockneter Oregano
250 g Butterkäse in Scheiben

Außerdem:

Kastenform (1,5 l)

Clever vorbereiten

Noch praktischer: Die **Polenta schon am Vortag zubereiten,** die Form mit Folie abdecken und in den Kühlschrank stellen.

1 Die getrockneten Tomaten in feine Würfel schneiden. Den Thymian waschen, trocken schütteln und die Blättchen hacken. Die Zwiebel schälen und fein würfeln. 2 EL Öl in einem Topf erhitzen und die Zwiebel darin andünsten. Tomaten und Thymian kurz mitdünsten. Die Brühe zugießen und aufkochen. Polenta unter Rühren einstreuen und offen bei schwacher Hitze 8–10 Min. köcheln lassen. Dabei gelegentlich umrühren. Die Form mit etwas Öl auspinseln. Käse unter die Polenta heben. Die Masse in die Form füllen, glatt streichen und mindestens 6 Std. kühl stellen.

2 Den Backofen auf 200° vorheizen, ein Backblech mit dem übrigen Öl bepinseln. Tomaten waschen und in Scheiben schneiden, dabei die Stielansätze entfernen. Die Polenta stürzen und in 8 Scheiben schneiden. Diese nebeneinander aufs Blech legen und mit den Tomaten belegen. Salzen, pfeffern, mit Oregano bestreuen und mit Käse belegen. Im heißen Ofen (Mitte, Umluft nicht empfehlenswert) ca.15 Min. überbacken, eventuell nach 12 Min. den Grill zuschalten.

Spinat-Gnocchi-Gratin

schnell & einfach | *Zubereitung: ca. 25 Min.* | *Backen: ca. 25 Min.* | *Pro Portion: ca. 665 kcal*

Für 4 Personen
4 Gratinschälchen oder
1 kleine Auflaufform

1 Knoblauchzehe
1 EL Olivenöl
300 g TK-Blattspinat
Salz | Pfeffer
frisch geriebene Muskatnuss
500 g Gnocchi
  (aus dem Kühlregal)
300 g Kirschtomaten
3 Stängel Basilikum
200 g Gorgonzola
150 ml Milch
200 g Mascarpone
4 Eigelbe
2 EL Sonnenblumenkerne

1 Den Knoblauch schälen und fein hacken. Das Öl in einem Topf erhitzen und den Knoblauch darin andünsten. Den Spinat zugeben und bei starker Hitze unter Rühren auftauen. Mit Salz, Pfeffer und Muskatnuss würzen.

2 Backofen auf 200° vorheizen. Die Gnocchi nach Packungsanweisung in Salzwasser garen. In ein Sieb abgießen und abtropfen lassen. Tomaten waschen und halbieren, dabei die Stielansätze entfernen. Basilikum waschen, trocken schütteln und die Blättchen fein hacken. Käse in Stücke schneiden. Ca. 120 g davon mit der Milch fein pürieren. Die Gorgonzolamilch mit Mascarpone und Eigelben verrühren, salzen und pfeffern.

3 Gnocchi, Spinat und Tomaten auf die Förmchen verteilen. Mit Basilikum bestreuen und mit Gorgonzolacreme übergießen. Sonnenblumenkerne und restlichen Gorgonzola daraufstreuen. Im heißen Ofen (Mitte, Umluft 180°) in 20–25 Min. überbacken.

Grüner Nudelauflauf

frühlingsfrisch | *Zubereitung: ca. 30 Min.*
Backen: ca. 25 Min. | *Pro Portion: ca. 710 kcal*

Für 4 Personen | 1 kleine Auflaufform

250 g grüne Tagliatelle (Bandnudeln) | Salz
400 g grüner Spargel | 2 Kohlrabi (ca. 450 g)
3 EL Butter | 3 Schalotten | 125 g Sahne
400 g Frischkäse (Rahmstufe)
Pfeffer | 1 Bund Frühlingskräuter
50 g Greyerzer Käse | 30 g Parmesan

1 Nudeln nach Packungsanweisung in Salzwasser garen. In ein Sieb abgießen und abtropfen lassen. Inzwischen Spargel waschen, das untere Drittel dünn schälen, holzige Enden abschneiden. Die Stangen in 4 cm lange Stücke schneiden. Kohlrabi schälen und in 4 cm lange und 1 cm dicke Stifte schneiden. Beides in reichlich Salzwasser bei mittlerer Hitze ca. 6 Min. garen. In ein Sieb gießen, kalt überbrausen und abtropfen lassen.

2 Ofen auf 190° vorheizen, Form mit 1 EL Butter fetten. Die Schalotten schälen und würfeln. 2 EL Butter erhitzen, Schalotten darin andünsten. Sahne zugießen und offen 5 Min. kochen lassen. Frischkäse einrühren, salzen, pfeffern und offen bei schwacher Hitze 2–3 Min. köcheln lassen. Kräuter waschen, trocken schütteln, hacken. Mit der Sauce pürieren. Beide Käse fein reiben, mischen. Nudeln und Gemüse in der Form mischen. Mit der Sauce übergießen und mit Käse bestreuen. Im heißen Ofen (Mitte, Umluft 170°) in ca. 25 Min. goldgelb backen.

Makkaroni-Schinken-Auflauf

Kinderliebling | *Zubereitung: ca. 30 Min.*
Backen: ca. 45 Min. | *Pro Portion: ca. 710 kcal*

Für 4 Personen | 1 kleine Auflaufform

250 g Makkaroni | Salz | 300 g Brokkoli
150 g TK-Erbsen | 200 g gekochter Schinken
200 g Emmentaler Käse | 4 Eier | 400 ml Milch
Pfeffer | 1/2 TL edelsüßes Paprikapulver
frisch geriebene Muskatnuss | 1 EL Butter

1 Die Nudeln nach Packungsanweisung in Salzwasser bissfest garen. Abgießen und abtropfen lassen. Inzwischen den Brokkoli waschen, putzen und in kleine Röschen teilen. Den Stiel in 1 cm große Würfel schneiden. Brokkoli und Erbsen in reichlich Salzwasser bei mittlerer Hitze ca. 3 Min. garen. In ein Sieb abgießen und abtropfen lassen.

2 Den Backofen auf 190° vorheizen, die Form mit der Butter fetten. Den Schinken fein würfeln, den Käse fein reiben. Eier und Milch kräftig verquirlen. Mit Salz, Pfeffer, Paprikapulver und Muskatnuss würzen. Den Käse unterrühren. Makkaroni, Gemüse und Schinken in der Form mischen. Mit der Eier-Käse-Milch übergießen. Im heißen Ofen (Mitte, Umluft 170°) in ca. 45 Min. goldbraun backen.

Clever variieren

Statt Brokkoli schmecken auch **Blumenkohl** oder **Möhren**. Schnell und kunterbunt gelingt's mit einer **TK-Suppengemüsemischung.**

im Bild: Grüner Nudelauflauf

Ratatouille-Lasagne

französisch-italienische Liaison
Zubereitung: ca. 50 Min. | Backen: ca. 40 Min.
Pro Portion: ca. 545 kcal

Für 4 Personen | 1 kleine Auflaufform

2 Zucchini (ca. 350 g) | 1 Aubergine (ca. 250 g)
2 große Paprikaschoten (ca. 400 g)
2 Knoblauchzehen | ca. 5 EL Olivenöl
Salz | Pfeffer
ca. 750 ml Tomatensauce (s. S. 13)
750 g Tomaten | 1 Bund Basilikum
9 Lasagneblätter
120 g frisch geriebener Parmesan
4 EL Semmelbrösel | 1 TL Kräuter der Provence

1 Zucchini, Aubergine und Paprika waschen,
putzen und ca. 1 cm groß würfeln. Den
Knoblauch schälen und hacken. Ca. 1 1/2 EL
Öl in einer beschichteten Pfanne erhitzen.
Die Zucchini mit etwas Knoblauch darin
bei starker Hitze 3–5 Min. anbraten, bis sie
leicht gebräunt sind. Salzen und pfeffern,
herausnehmen und beiseitestellen. Mit
Aubergine und Paprika ebenso verfahren.

2 Den Backofen auf 190° vorheizen. Ca. 8 EL
Tomatensauce beiseitestellen, etwas Sauce
auf dem Boden der Form verstreichen.
Die übrige Sauce mit dem Gemüse mischen
und zugedeckt bei schwacher Hitze 10 Min.
schmoren. Tomaten waschen und quer in
Scheiben schneiden, dabei die Stielansätze
entfernen. Das Basilikum waschen, trocken
schütteln, die Blätter fein hacken und in die
Ratatouille rühren.

3 Eine Lage Lasagneblätter in der Form auslegen. Die Hälfte der Ratatouille daraufgeben. Darauf wieder Nudelblätter und die
restliche Ratatouille schichten. Mit Nudel-
blättern abschließen und die übrige Tomatensauce daraufstreichen. Die Tomatenscheiben überlappend darauflegen, salzen
und pfeffern. Parmesan, Semmelbrösel und
Kräuter mischen und auf die Lasagne streu-
en. Im heißen Ofen (Mitte, Umluft 170°)
ca. 40 Min. backen.

Klassische Lasagne

Für 4–6 Personen (1 große Auflaufform)
**100 g fein gewürfelten Speck, je 1 sehr fein
gewürfelte Möhre** und **Selleriestange, 1 gewürfelte Zwiebel** und **1 gehackte Knoblauchzehe** in **2 EL Olivenöl** anbraten. **500 g Rinderhackfleisch** zugeben, salzen, pfeffern und unter
Rühren krümelig anbraten. **750 ml Tomatensauce** (s. S. 13) unterrühren und zugedeckt
bei schwacher Hitze 10 Min. köcheln lassen.
Inzwischen aus **5 EL Butter, 3 EL Mehl** und
600 ml Milch eine Béchamelsauce (s. S. 11)
zubereiten. Mit **Salz, Pfeffer** und **Muskatnuss**
würzen. Die Form fetten und 3–4 EL Béchamel
darin verstreichen. Eine Lage Lasagneblätter
(von insgesamt **300 g Lasagneblättern**) hineinlegen. Darauf eine Schicht Hackfleisch und
wieder eine Lage Béchamel geben. Fortfahren,
bis alle Zutaten verarbeitet sind. Mit einer
Schicht Béchamel abschließen. Darauf **250 g**
in Scheiben geschnittenen **Mozzarella** verteilen
und die Lasagne im auf 190° vorgeheizten
Backofen (Mitte, Umluft 170°) in 35–40 Min.
goldbraun backen.

Lachs-Lasagne

gästefein | *Zubereitung: ca. 35 Min.*
Backen: ca. 40 Min. | *Pro Portion: ca. 565 kcal*

Für 4–6 Portionen | 1 große Auflaufform

1 Zwiebel | 750 g Mangold | 6 EL Butter
Salz | Pfeffer | 3 EL Mehl | 250 ml Milch
400 ml Gemüsebrühe | 50 ml Weißwein
(ersatzweise Brühe) | 1 EL frisch gepress-
ter Zitronensaft | 400 g frisches Lachsfilet
12 Lasagneblätter | 120 g Emmentaler Käse

1 Zwiebel schälen und hacken. Mangold waschen und putzen. Stiele in feine, Blätter in
2 cm breite Streifen schneiden. 2 EL Butter
in einer Pfanne erhitzen und die Zwiebel
darin andünsten. Die Mangoldstiele zugeben, salzen, pfeffern und offen bei schwacher
Hitze 10 Min. garen. Die Mangoldblätter
einrühren und ca. 5 Min. weitergaren.

2 Den Backofen auf 190° vorheizen, die Form
mit wenig Butter fetten. Die übrige Butter
schmelzen und das Mehl darin anschwitzen.
Milch, Brühe und Wein zugießen und eine
Béchamelsauce kochen (s. S. 11). Mit Salz,
Pfeffer und Zitronensaft würzen. Lachs in
Streifen schneiden. Salzen und pfeffern.

3 Etwas Béchamel in der Form verteilen, darauf eine Lage Lasagneblätter legen. Darauf
abwechselnd Mangold, Lachs und Béchamel
schichten, bis alles verarbeitet ist. Mit Nudel-
blättern und Béchamel abschließen. Käse
grob reiben und auf die Lasagne streuen.
Im heißen Backofen (Mitte, Umluft 170°)
35–40 Min. backen.

Nudel-Bohnen-Auflauf

unkomplizierter Sattmacher | *Zubereitung: ca. 25 Min.*
Backen: ca. 25 Min. | *Pro Portion: ca. 1250 kcal*

Für 4 Portionen | 1 kleine Auflaufform

250 g Penne-Nudeln | Salz | 1 große Dose
weiße Bohnen (850 g Füllgewicht) | 2 Zwiebeln
200 g geräucherter Speck | 20 Salbeiblätter
3 EL Butter | 300 g Crème fraîche | 2 Eigelbe
100 g frisch geriebener Parmesan | Pfeffer

1 Die Penne nach Packungsanweisung in Salzwasser bissfest garen. In ein Sieb abgießen
und abtropfen lassen. Inzwischen die Bohnen in ein Sieb abgießen und abtropfen lassen. Zwiebeln schälen und fein würfeln. Den
Speck ebenfalls fein würfeln, dabei eventuell
die Schwarte entfernen. Salbeiblätter abreiben und in breite Streifen schneiden.

2 Den Backofen auf 200° vorheizen, die Form
mit etwas Butter fetten. Die übrige Butter in
einer beschichteten Pfanne erhitzen. Zwiebeln und Speck darin andünsten. Den Salbei
einstreuen und weiterbraten, bis der Speck
leicht gebräunt ist. Bohnen unterrühren und
vom Herd nehmen.

3 Crème fraîche, Eigelbe und Parmesan ver-
rühren, mit Salz und Pfeffer würzen. Die
Nudeln und Bohnen mischen und in die
Form füllen. Die Eiercreme darübergießen.
Den Auflauf im heißen Ofen (Mitte, Umluft
180°) ca. 25 Min. backen. Sofort servieren.

Cannelloni
mit Spinat und Pilzen

frühlingsfein | *Zubereitung: ca. 35 Min.* | *Backen: ca. 40 Min.* | *Pro Portion: ca. 820 kcal*

Für 4 Personen
1 große Auflaufform

600 g gehackter TK-Spinat
2 Zwiebeln
3 Knoblauchzehen
2 EL Olivenöl
1 EL gekörnte Gemüsebrühe
Salz | Pfeffer
frisch geriebene Muskatnuss
1 Bio-Zitrone
2 EL Butter
2 EL Mehl
500 ml Milch
350 g Ziegenfrischkäse
200 g braune Champignons
je 1/2 Bund Petersilie
   und Basilikum
80 g Sahne
250 g Cannelloni-Nudelröhren
4 EL frisch geriebener Parmesan

Clever tauschen

Kein Freund von Ziegenkäse?
Dann rühren Sie **250 g Ricotta**
unter den Spinat und umhüllen
die Cannelloni mit **Tomatensauce**
(s. S. 13). Dann nach Wunsch mit
Parmesan oder 250 g gewürfeltem
Mozzarella bestreuen.

1 Den Spinat aus dem Tiefkühlfach nehmen. Zwiebeln und Knoblauch schälen und fein hacken. Öl in einem Topf erhitzen und beides darin andünsten. Den Spinat zugeben, Brühe darüberstreuen und unter Rühren offen bei starker Hitze auftauen. Mit Salz, Pfeffer und Muskatnuss würzen. Vom Herd nehmen.

2 Die Zitrone heiß abwaschen und trocknen. Die Schale abreiben, den Saft auspressen. Butter in einem Topf schmelzen, Mehl einrühren und kurz anschwitzen. Die Milch zugießen, gut verrühren und offen bei schwacher Hitze 10 Min. köcheln lassen (s. S. 11). Dabei gelegentlich umrühren. 100 g Ziegenfrischkäse, 1 Msp. Zitronenschale und 1–2 EL Zitronensaft unterrühren. Die Sauce mit Salz, Pfeffer und Muskat würzen und 2–3 Min. weiterköcheln lassen.

3 Backofen auf 200° vorheizen. Die Champignons sauber abreiben, putzen und in ca. 1/2 cm große Würfel schneiden. Petersilie und Basilikum waschen, trocken schütteln und fein hacken. Pilze, Kräuter, knapp 1/2 TL Zitronenschale, 250 g Frischkäse und Sahne unter den leicht abgekühlten Spinat rühren. Mit Salz, Pfeffer und Muskatnuss würzen. Die Spinatmasse in die Nudelröhren füllen.

4 Etwas Béchamelsauce auf dem Boden der Form verstreichen. Die Cannelloni darauflegen, mit der übrigen Sauce begießen und mit Parmesan bestreuen. Im heißen Ofen (Mitte, Umluft 180°) in ca. 40 Min. goldbraun backen.

Gut zu wissen

Beim **Garen des Spinats** muss möglichst viel Wasser verdampfen. Wenn Sie frischen Spinat (knapp 1 kg) verwenden, diesen nach dem Garen unbedingt gut ausdrücken und fein hacken.

Kartoffelgratin

Klassiker | *Zubereitung: ca. 25 Min.*
Backen: ca. 1 Std. | *Pro Portion: ca. 440 kcal*

Für 4 Personen | 1 große Auflaufform

1 kg vorwiegend festkochende Kartoffeln
2 EL Butter
500 ml Milch
200 g Sahne
1 Knoblauchzehe
frisch geriebene Muskatnuss
Salz | Pfeffer

1 Die Kartoffeln waschen und schälen. Die Knollen in ca. 3 mm dünne Scheiben schneiden oder mit einem breiten Gemüsehobel hobeln. Den Backofen auf 190° vorheizen, die Form mit etwas Butter fetten.

2 Die Kartoffeln dachziegelartig in die Form schichten. Milch und Sahne in einem Topf mischen. Knoblauch schälen und dazupressen. Bei mittlerer Hitze unter Rühren aufkochen und kräftig mit Muskatnuss, Salz und Pfeffer würzen. Die Sahnemilch über die Kartoffeln gießen. Die restliche Butter in Flöckchen auf den Kartoffeln verteilen.

3 Das Gratin im heißen Ofen (Mitte, Umluft 170°) in 50–60 Min. goldbraun backen. Sollte es zu schnell bräunen, mit Backpapier abdecken. Das Gratin eignet sich als Beilage zu kurz gebratenem Fleisch, mit einem üppigen Salat wird es zum Hauptgericht.

Variante mit Lauch und Zucchini

So wird aus dem Gratin eine vegetarische Hauptmahlzeit. *Für 4 Personen* | 1 Stange Lauch und 1 Zucchino (ca. 250 g) waschen, putzen und in dünne Scheiben schneiden. 700 g festkochende Kartoffeln waschen, schälen und in Scheiben schneiden oder hobeln. Das Gemüse abwechselnd in eine gefettete Form schichten. 150 g Greyerzer Käse reiben und darüberstreuen. 350 ml Gemüsebrühe und 200 g Sahne mischen. Kräftig mit Salz, Pfeffer, Muskatnuss und 1/2 TL getrockneten Thymian würzen und über das Gratin gießen. 1–2 EL Butter in Flöckchen darauf verteilen und im auf 190° vorgeheizten Ofen (Mitte, Umluft 170°) in 50–60 Min. goldbraun backen.

Mediterrane Variante

Für 4 Personen | 750 g neue Kartoffeln (mit dünner Schale) waschen und gründlich abbürsten. In Salzwasser zugedeckt bei mittlerer Hitze ca. 15 Min. garen. Abgießen, ausdampfen lassen und in 4 mm dicke Scheiben schneiden. 3 Zucchini (à ca. 200 g) waschen, putzen und in Scheiben schneiden. Mit den Kartoffeln in eine gefettete Form schichten, salzen und pfeffern. 150 ml Gemüsebrühe zugießen und mit 4 EL Olivenöl beträufeln. Die Form mit Alufolie abdecken und im auf 190° vorgeheizten Backofen (Mitte, Umluft 170°) ca. 30 Min. backen. Die Folie abnehmen und das Gratin noch 12–15 Min. weitergaren. 80 g frisch geriebenen Parmesan mit 4 EL Semmelbröseln, 1 TL Kräutern der Provence und 5 EL Olivenöl mischen. Auf das Gratin streuen und nochmals ca. 10 Min. überbacken.

Rheinischer Kartoffelpudding

Reibekuchen aus dem Ofen | *Zubereitung: ca. 40 Min.* | *Backen: ca. 2 Std. 25 Min.* | *Pro Portion: ca. 930 kcal*

Für 4–6 Personen

2,5 kg festkochende Kartoffeln
1 kg Zwiebeln
200 g geräucherte Mettwurst
  (ersatzweise Cabanossi)
200 g geräucherter Speck
7 EL Sonnenblumenöl
2 Eier
Salz | Pfeffer
frisch geriebene Muskatnuss
1 EL getrockneter Majoran

Außerdem:

großer Gusseisentopf
  (ca. 3 l Inhalt)

1 Kartoffeln waschen und schälen, Zwiebeln schälen. Beides getrennt in der Küchenmaschine fein raspeln. Alternativ die Kartoffeln auf der Gemüsereibe fein reiben und die Zwiebeln fein hacken. Die Kartoffelraspel in ein feines Sieb geben und 30 Min. abtropfen lassen, dabei die Flüssigkeit auffangen. Inzwischen Mettwurst in größere, Speck in kleine Würfel schneiden. 1 EL Öl im Topf erhitzen und den Speck darin hellbraun braten. Herausnehmen.

2 Ofen auf 180° vorheizen. Abtropfflüssigkeit der Kartoffeln bis auf die abgesetzte Stärke abgießen. Kartoffeln, Zwiebeln, Speck und Eier mischen. Mit Salz, Pfeffer, Muskatnuss und Majoran würzen. Stärke unterrühren. 2 EL Öl zum Bratfett in den Topf gießen, ein Drittel der Kartoffelmasse zugeben und die Hälfte der Mettwurst darauf verteilen. Den Vorgang wiederholen. Mit dem übrigen Drittel Kartoffelmasse abschließen und diese mit 4 EL Öl bestreichen. Topf zugedeckt im heißen Ofen (Mitte, Umluft nicht empfehlenswert) ca. 2 Std. garen, dann offen in 20–25 Min. braun backen.

Kartoffel-Rote-Bete-Auflauf

fixe Resteverwertung | *Zubereitung: ca. 15 Min.* | *Backen: ca. 1 Std.* | *Pro Portion: ca. 435 kcal*

Für 6–8 Personen
1 Souffléform (ca. 24 cm Ø)

1 kg gekochte Pellkartoffeln
   (vom Vortag)
600 g vorgegarte Rote Bete
   (vakuumverpackt)
2 Bund Dill
1 Bund Schnittlauch
300 g Crème fraîche
250 g Sahne | 3 Eier
2 EL körniger Senf
Salz | Pfeffer
Butter für die Form

1 Die Kartoffeln pellen und in Scheiben schneiden. Rote Bete ebenfalls in Scheiben schneiden. Dill und Schnittlauch waschen, trocken schütteln und fein hacken bzw. in Röllchen schneiden. Beides mit Crème fraîche, Sahne, Eiern und Senf verrühren, salzen und pfeffern.

2 Den Backofen auf 200° vorheizen, die Form fetten. Ein Viertel der Kartoffelscheiben dachziegelartig hineinschichten. Ca. 3 EL Kräutercreme daraufstreichen. Ein Drittel der Rote-Bete-Scheiben einschichten und wieder 3 EL Kräutercreme daraufstreichen. So fortfahren, bis alle Zutaten verarbeitet sind. Mit Kartoffeln abschließen und die übrige Kräutercreme daraufgießen. Den Auflauf im heißen Ofen (Mitte, Umluft 180°) ca. 1 Std. backen. Schmeckt toll mit Matjes!

Besonders clever!

Den Auflauf können Sie auch in einer **Springform** zubereiten. Allerdings muss sie gut schließen und einen Auffangrand haben, da Flüssigkeit austreten kann. Der Auflauf lässt sich leicht abgekühlt stürzen.

Kräuter-Reis-Auflauf mit Pute

leicht & frühlingsfrisch | *Zubereitung: ca. 50 Min.*
Marinieren: 3 Std. | *Backen: ca. 55 Min.*
Pro Portion: ca. 435 kcal

4 Personen | 1 kleine Auflaufform

350 g Putenbrustfilet | 250 g Joghurt
Salz | Pfeffer | 1/2 TL Chilipulver
abgeriebene Schale von 1 Bio-Zitrone
200 g Basmati-Reis | 50 g Bärlauch
je 1 Bund Dill und Petersilie
5 Frühlingszwiebeln | 200 g saure Sahne
2 Kohlrabi (ca. 500 g) | 2 EL Butter

Außerdem:

Alufolie

1 Fleisch in mundgerechte Stücke schneiden.
3 EL Joghurt mit Salz, Pfeffer, Chilipulver
und der Hälfte der Zitronenschale kräftig
verrühren. Die Fleischstücke unterheben
und zugedeckt 3 Std. kühl stellen.

2 Den Reis in reichlich kaltem Wasser 30 Min.
einweichen. Inzwischen Bärlauch, Dill
und Petersilie waschen, trocken schütteln
und hacken. Frühlingszwiebeln waschen
und putzen. Den weißen und grünen Teil
getrennt in Ringe schneiden. Den grünen
Teil mit Kräutern, übriger Zitronenschale,
übrigem Joghurt und saurer Sahne mischen.
Mit Salz und Pfeffer würzen. Kohlrabi schälen und in 1,5 cm große Würfel schneiden.
Den Reis abgießen.

3 Den Backofen auf 180° vorheizen, die Form
mit etwas Butter fetten. Reichlich Wasser in
einem Topf zum Kochen bringen, salzen.
Reis und Kohlrabiwürfel darin ca. 4 Min.
garen. In ein Sieb abgießen und abtropfen
lassen. 1 EL Butter in einem Topf erhitzen
und die weißen Zwiebelringe darin andünsten. Das Fleisch mit Marinade zugeben und
unter Rühren 3–5 Min. braten. Vom Herd
nehmen und mit Reis, Kohlrabi und drei
Vierteln vom Kräuterjoghurt mischen.

4 Die Masse in die Form füllen, den übrigen
Kräuterjoghurt darauf verteilen. Den Auflauf mit Alufolie abdecken und im heißen
Backofen (Mitte, Umluft 160°) ca. 40 Min.
garen. Folie abnehmen, übrige Butter in
Flöckchen daraufsetzen und offen in ca.
15 Min. leicht bräunen.

Garnelen-Reis-Auflauf

Für 4 Personen | **200 g Reis** in 400 ml Salz-
wasser zugedeckt bei schwacher Hitze 20 Min.
garen. Leicht abkühlen lassen. **2 Msp. Safran-
pulver** mit 2 EL heißem Wasser verrühren.
2 große Tomaten waschen und klein würfeln,
dabei die Stielansätze entfernen. **4 Eier** verqui-
len. Mit dem Safranwasser, **125 g geschälten,
gegarten Garnelen, 50 g frisch geriebenem
Parmesan** und dem Reis mischen. Mit **Salz,
Pfeffer** und **edelsüßem Paprikapulver** würzen.
In eine gefettete Form (ca. 24 Ø) füllen und
im auf 200° vorgeheizten Backofen (Mitte,
Umluft 180°) ca. 50 Min. garen.

Clever tauschen

Keine Bärlauchsaison? Dann schmecken auch mal
1/2 Bund grüne Minze und evtl. zusätzlich 1/2 Bund
Koriandergrün zusammen mit den anderen Kräutern.

Fenchel-Fisch-Gratin

ungewöhnlich | *Zubereitung: ca. 30 Min.*
Backen: ca. 20 Min. | *Pro Portion: ca. 885 kcal*

Für 4 Personen | 1 flache Auflaufform

400 g Seelachsfilet | 2 EL frisch gepresster
Zitronensaft | Salz | Pfeffer | 300 g Farfalle-
Nudeln | 2 Fenchelknollen | 2 Knoblauchzehen
2 EL Olivenöl | 4 EL Anislikör (z. B. Pernod,
nach Belieben) | 400 g Sahne | 200 ml Milch
1 EL Currypulver | 1 EL Honig | 80 g frisch
geriebener Parmesan | Butter für die Form

1 Fisch kalt abspülen, trocken tupfen und in
mundgerechte Stücke schneiden. Mit Zitronensaft mischen, salzen und pfeffern. Nudeln
nach Packungsanweisung in Salzwasser bissfest garen. Abgießen und abtropfen lassen.

2 Inzwischen Fenchel waschen und längs
halbieren. Den Strunk entfernen und die
Hälften quer in feine Streifen schneiden.
Knoblauch schälen und hacken. Das Öl in
einer Pfanne erhitzen. Fenchel und Knoblauch darin bei starker Hitze ca. 5 Min. anbraten. Nach Belieben mit Likör ablöschen.

3 Den Backofen auf 200° vorheizen, die Auflaufform fetten. Sahne, Milch, Currypulver
und Honig verrühren. Mit Salz und Pfeffer
würzen. Nudeln und Fenchel mischen und
in die Form füllen. Den Fisch darauf verteilen, die Sahnemilch darübergießen. Mit
Käse bestreuen und im heißen Ofen (Mitte,
Umluft 180°) in 15–20 Min. braun backen.

Bohnen-Fisch-Auflauf

deftig mit Pfiff | *Zubereitung: ca. 25 Min.*
Backen: ca. 40 Min. | *Pro Portion: ca. 665 kcal*

Für 4 Personen | 1 große Auflaufform

600 g mehligkochende Kartoffeln | Salz
600 g grüne TK-Bohnen | 750 g Rotbarschfilet
Pfeffer | 500 ml Béchamelsauce (s. S. 11 oder
Tetrapak) | 1/2 TL getrocknetes Bohnenkraut
1 Bund Petersilie | abgeriebene Schale
von 1/2 Bio-Zitrone | 5 EL Semmelbrösel
3 EL gehackte Mandeln | Butter für die Form

1 Den Backofen auf 200° vorheizen, die Form
fetten. Die Kartoffeln waschen, schälen und
in dünne Scheiben schneiden oder hobeln.
In kochendem Salzwasser zugedeckt bei
mittlerer Hitze 5 Min. garen, herausnehmen.
Die Bohnen ins Kochwasser geben und
ebenfalls ca. 7 Min. garen. In ein Sieb abgießen, kalt abbrausen und abtropfen lassen.

2 Das Fischfilet kalt abspülen, trocken tupfen
und in 4 cm breite Streifen schneiden. Salzen
und pfeffern. Kartoffeln, Fisch und Bohnen
abwechselnd dachziegelartig in die Form
schichten. Béchamelsauce mit Bohnenkraut
verrühren und darübergießen.

3 Den Auflauf im heißen Backofen (Mitte,
Umluft 180°) ca. 25 Min. garen. Inzwischen
Petersilie waschen, trocken schütteln und
hacken. Mit Zitronenschale, Semmelbröseln
und Mandeln mischen. Über den Auflauf
streuen und nochmals 15 Min. backen.

im Bild: Fenchel-Fisch-Gratin

Marokkanisches
Fischfilet

kräuterfein & würzig | *Zubereitung: ca. 25 Min.*
Backen: ca. 20 Min. | *Pro Portion: ca. 345 kcal*

Für 4 Personen | 1 kleine Auflaufform

je 60 g Koriandergrün und Petersilie | 2 Knoblauchzehen | 6 Frühlingszwiebeln | je 2 TL Kreuzkümmel und edelsüßes Paprikapulver 1 1/2 TL Kurkumapulver | 1/2 TL Chilipulver Salz | 7 EL Olivenöl | 2 EL frisch gepresster Zitronensaft | je 2 rote und grüne Paprikaschoten | 4 dicke Seelachsfilets (à ca. 180 g)

1 Koriander und Petersilie waschen und trocken schütteln. Die Blätter fein hacken. Den Knoblauch schälen und durchpressen. Die Frühlingszwiebeln waschen, den weißen Teil fein hacken, den grünen Teil beiseitelegen. Alles mit Kreuzkümmel, Paprika-, Kurkuma- und Chilipulver, Salz, 6 EL Öl und Zitronensaft mischen. 15 Min. ziehen lassen.

2 Inzwischen den Ofen auf 200° vorheizen, die Form mit 1 EL Öl auspinseln. Die Paprikaschoten halbieren, putzen, waschen und in dünne Streifen schneiden. Mit einem Viertel der Kräuterpaste mischen. Fisch kalt abspülen, trocken tupfen, leicht salzen und in die Form legen. Die übrige Kräuterpaste auf den Filets verteilen, leicht andrücken. Im heißen Ofen (Mitte, Umluft 180°) ca. 20 Min. garen. Frühlingszwiebelgrün in Ringe schneiden und über den Fisch streuen. Mit Fladenbrot oder Couscous servieren.

Spanische
Fischkoteletts

einfach, aber raffiniert | *Zubereitung: ca. 30 Min.*
Backen: ca. 40 Min. | *Pro Portion: ca. 800 kcal*

Für 4 Personen | 1 Backblech

1 kg festkochende Kartoffeln | 3 Fenchelknollen (à ca. 250 g) | 2 rote Zwiebeln | 2 Bio-Orangen | 1 getrocknete Chilischote | 150 ml trockener Wermut (z. B. Noilly Prat) | 10 EL Olivenöl | Salz | 1/3 Bund Petersilie | 2 Knoblauchzehen | 2 EL geriebener Manchego-Käse 2 EL gemahlene Mandeln | 2 EL Semmelbrösel 4 Schellfischkoteletts (à ca. 300 g)

1 Den Ofen auf 220° vorheizen. Die Kartoffeln schälen und in 1/2 cm dicke Scheiben schneiden. Fenchel waschen, putzen, längs achteln, Strunk entfernen. Zwiebeln schälen, längs in Spalten schneiden. Orangen heiß waschen und trocknen. Von 1 Orange die Schale abreiben, beide Früchte auspressen. Chilischote zerbröseln. Mit der Hälfte Orangenschale, Orangensaft, Wermut und 8 EL Öl verrühren. Würzöl und Gemüse mischen, salzen. Aufs Blech geben und im heißen Ofen (unten, Umluft nicht empfehlenswert) 15 Min. garen.

2 Die Petersilie waschen, trocken schütteln und fein hacken. Den Knoblauch schälen, hacken. Beides mit Käse, Mandeln, Bröseln, übriger Orangenschale und 2 EL Öl mischen. Fisch kalt abspülen, trocken tupfen, salzen. Kräutermasse darauf verteilen. Koteletts aufs Gemüse setzen, alles ca. 25 Min. weitergaren.

im Bild: Spanische Fischkoteletts

Griechische Moussaka

Klassiker | *Zubereitung: ca. 1 Std.* | *Backen: ca. 45 Min.* | *Pro Portion: ca. 580 kcal*

Für 4–6 Personen
1 große Auflaufform

3 Auberginen (à 250 g) | Salz
600 g festkochende Kartoffeln
2 Zwiebeln
Olivenöl zum Braten
  und für die Form
500 g Rinderhackfleisch
Pfeffer
1 große Dose stückige Tomaten
  (800 g Füllgewicht)
1 EL Tomatenmark
125 ml Weißwein
  (nach Belieben)
1/4 TL Zucker
1/2 TL Zimtpulver
1 1/2 TL getrockneter Oregano
4 EL Butter
4 EL Mehl
800 ml Milch
frisch geriebene Muskatnuss
2 Eier
100 g frisch geriebener
  Parmesan

1 Die Auberginen waschen, putzen und in ca. 1 cm dicke Scheiben schneiden. Mit Salz bestreuen und 30 Min. ziehen lassen. Inzwischen Kartoffeln waschen und in reichlich Salzwasser zugedeckt 20–25 Min. garen. Abgießen und ausdampfen lassen.

2 Währenddessen Zwiebeln schälen und würfeln. 2 EL Öl in einem Topf erhitzen und die Zwiebeln darin glasig dünsten. Hackfleisch zugeben, salzen und pfeffern und unter Rühren krümelig anbraten. Tomaten, Tomatenmark und nach Belieben Wein unterrühren. Mit Zucker, Zimt und Oregano würzen und offen bei mittlerer Hitze 25 Min. köcheln lassen.

3 Die Butter in einem zweiten Topf schmelzen, Mehl einrühren und anschwitzen. Die Milch nach und nach zugießen und unterrühren. Offen bei schwacher Hitze in ca. 20 Min. eine Béchamelsauce kochen (s. S. 11). Mit Salz, Pfeffer und Muskatnuss würzen, vom Herd nehmen.

4 Den Backofen auf 190° vorheizen, die Form mit Öl auspinseln. Die Auberginen kalt abspülen und trocken tupfen. Jeweils 3–4 EL Öl in einer Pfanne erhitzen und die Auberginen portionsweise darin von beiden Seiten hellbraun anbraten. Herausnehmen und auf Küchenpapier abtropfen lassen.

5 Die Kartoffeln pellen, in dicke Scheiben schneiden und in der Form auslegen. Die Hälfte Hacksauce darauf verteilen und die Hälfte der Auberginenscheiben darüberschichten. Die übrige Hacksauce daraufgeben und mit den restlichen Auberginenscheiben belegen. Die Eier und ca. drei Viertel vom Käse gut unter die Béchamel rühren. Die Sauce auf den Auberginen verteilen und mit dem restlichen Käse bestreuen. Die Moussaka im heißen Ofen (Mitte, Umluft 170°) in ca. 45 Min. goldbraun backen.

Kürbis-Bulgur-Auflauf mit Lamm

scharf-würzig | *Zubereitung: ca. 1 Std. 10 Min.* | *Backen: ca. 50 Min.* | *Pro Portion: ca. 750 kcal*

Für 4 Personen
1 kleine Auflaufform

150 g Bulgur
250 ml Gemüsebrühe
ca. 900 g Kürbis (z. B. Hokkaido,
   500 g Fruchtfleisch)
1 kleine Stange Lauch
3 Zwiebeln
2 Knoblauchzehen
1 Stück frischer Ingwer
   (ca. 5 cm)
4 EL Olivenöl
1 EL Kreuzkümmelsamen
1 TL schwarze Senfkörner
1 TL Kurkumapulver
1 TL Chilipulver
Salz | Pfeffer
200 g Sahne
400 g Lammhackfleisch (ersatzweise Rinderhackfleisch)
1/2 Bund Koriandergrün
4 Eier
2 EL Butter

Gut zu wissen

Schwarze Senfsamen und **Kreuz-kümmelsamen** bekommen Sie wie **Kurkuma** im Asienladen. Erst beim Braten entfalten sie ihr eigentliches Aroma. Doch dürfen sie nicht an-brennen, sonst werden sie bitter.

1 Bulgur und Gemüsebrühe in einem Topf mischen. Auf-kochen und zugedeckt bei schwacher Hitze ca. 10 Min. garen. Vom Herd nehmen und weitere 15 Min. quellen lassen. Inzwischen den Kürbis schälen, die Kerne heraus-schaben und das Fruchtfleisch waschen. Auf der Gemüse-reibe grob raspeln. Lauch putzen, waschen, längs vierteln und in 1 cm breite Stücke schneiden. Zwiebeln, Knoblauch und Ingwer schälen und getrennt fein würfeln.

2 In einer beschichteten Pfanne die Hälfte der Zwiebeln in 2 EL Öl andünsten. 1 TL Kreuzkümmel, Senfkörner und gut die Hälfte von Knoblauch und Ingwer zugeben. Kurz mit-dünsten. Den Lauch einstreuen, mit Kurkuma- und der Hälfte vom Chilipulver bestäuben und unter Rühren 1 Min. braten. Kürbis zugeben, salzen, pfeffern und unter Rühren bei starker Hitze 4 Min. anbraten. Vom Herd nehmen, Sah-ne einrühren und abkühlen lassen.

3 In einer Pfanne 2 EL Öl erhitzen, übrige Zwiebeln darin an-dünsten. Restlichen Knoblauch, Ingwer und Kreuzkümmel kurz mitbraten. Fleisch zugeben, mit einem Holzlöffel zer-teilen und bei starker Hitze krümelig braun braten. Mit Salz, Pfeffer und übrigem Chilipulver würzen. Koriandergrün waschen, trocken schütteln, fein hacken und unterrühren.

4 Ofen auf 180° vorheizen, die Form mit etwas Butter fetten. Bulgur und Kürbis mischen. Eier gut unterrühren, evtl. mit Salz, Pfeffer und Chili nachwürzen. Die Hälfte der Kürbis-masse in die Form füllen und andrücken. Das Hackfleisch darauf verteilen. Mit der restlichen Kürbismasse abdecken und festdrücken. Übrige Butter in Flöckchen daraufsetzen. Im heißen Ofen (unten, Umluft 160°) 20 Min. garen. Hitze auf 200° (Umluft 180°) erhöhen und den Auflauf 25–30 Min. weiterbacken. Vor dem Servieren 5 Min. ruhen lassen.

Südfranzösisches Cassoulet

deftig | *Zubereitung: ca. 1 Std. 20 Min.* | *Backen: ca. 1 Std. 15 Min.* | *Quellen: ca. 24 Std.* | *Pro Portion: ca. 425 kcal*

Für 6 Personen
1 große Auflaufform

250 g getrocknete weiße
  Bohnen
5 Knoblauchzehen
2 große Zwiebeln
1 Bund Thymian
3 Zweige Rosmarin
1 Lorbeerblatt
400 ml Rinderfond (aus
  dem Glas, ersatzweise
  Rinderbrühe)
700 g Rindfleisch (Gulasch-
  fleisch aus Nuss oder Nacken)
2 große Möhren
4 Stangen Staudensellerie
8 EL Olivenöl
2 EL Kräuter der Provence
Salz | Pfeffer
80 ml Rotwein (nach Belieben)
1 kleine Dose stückige Tomaten
  (Füllgewicht 400 g)
80 g Semmelbrösel

Clever dazu

Der Auflauf schmeckt ganz schlicht
mit **frischem Baguette** und **grünem
Salat** am besten – und natürlich einem Glas **Rotwein!**

1 Die Bohnen in reichlich Wasser über Nacht einweichen. Knoblauch und Zwiebeln schälen und getrennt hacken. Thymian und Rosmarin waschen und trocken schütteln. Bohnen in ein Sieb abgießen und kalt abbrausen. Dann mit 3–4 Zweigen Thymian, 1 Zweig Rosmarin, Lorbeerblatt, je einem Drittel Knoblauch und Zwiebeln, dem Fond und 200 ml Wasser in einen Topf geben. Einmal aufkochen und zugedeckt bei schwacher Hitze ca. 1 Std. 15 Min. kochen.

2 Inzwischen das Fleisch von Sehnen und Fett befreien und in ca. 3 cm große Würfel schneiden. Möhren schälen, putzen und längs vierteln. Selleriestangen waschen, putzen und längs halbieren. Beides in Würfel schneiden. Vom übrigen Thymian und Rosmarin Blättchen und Nadeln abzupfen und hacken.

3 Knapp 2 EL Öl in einem Bräter erhitzen. Das Fleisch darin mit einem Drittel Knoblauch und 1 EL Kräutern der Provence anbraten. Salzen, pfeffern und herausnehmen. 1 EL Öl in den Bräter geben und die übrigen Zwiebeln darin andünsten. Möhren und Sellerie einstreuen und 3 Min. unter Rühren braten. Nach Belieben mit Wein ablöschen. Tomaten, Fleisch und die Hälfte von Thymian und Rosmarin zugeben. Zugedeckt bei schwacher Hitze 15 Min. garen, salzen und pfeffern.

4 Den Backofen auf 160° vorheizen. Lorbeerblatt und Kräuterstiele aus den Bohnen entfernen. Bohnen samt Kochsud und Fleisch mischen und in die Form geben. 5 EL Olivenöl erhitzen, übrigen Knoblauch, übrige Kräuter der Provence, Rosmarin und Thymian einstreuen und einmal aufschäumen lassen. Die Semmelbrösel unterrühren.

5 Die Bröselmasse auf dem Cassoulet verteilen. Im heißen Backofen (unten, Umluft 140°) 1 Std.–1 Std. 15 Min. backen, bis die Brösel goldbraun sind.

Hähnchenkeulen
vom Blech mit Sommergemüse

mediterran | *Zubereitung: ca. 25 Min.* | *Backen: ca. 1 Std. 20 Min.* | *Pro Portion: ca. 645 kcal*

Für 6 Personen | 1 Backblech

2 Zweige Rosmarin
1/2 Bund Thymian
5 Knoblauchzehen
2 TL Fenchelsamen
1 TL Chilipulver
120 g Butter
6 Hähnchenkeulen (à ca. 180 g)
Salz | Pfeffer
500 g neue Kartoffeln
5 Paprikaschoten (rot und grün)
250 g Kirschtomaten
3 EL Olivenöl
200 ml Hühnerbrühe
100 ml trockener Wermut
   (z. B. Noilly Prat, ersatzweise
   Brühe mit 2 EL Zitronensaft)
100 g grüne Oliven (mit Stein)

Besonders clever!
Bewahren Sie etwas von der flüssigen **Gewürzbutter** auf, und **bepinseln Sie die Keulen** während des Garvorgangs noch ein- bis zweimal damit.

1 Rosmarin und Thymian waschen und trocken schütteln. Von jeweils einem Drittel Nadeln bzw. Blätter abzupfen und fein hacken. Knoblauch schälen, 2 Zehen durchpressen. Fenchelsamen im Mörser zerstoßen oder mit einem schweren Messer grob hacken. Fenchel, gehackte Kräuter, gepressten Knoblauch, Chilipulver und Butter mit einer Gabel gut vermischen (**Bild 1**).

2 Die Hähnchenkeulen trocken tupfen und die Haut leicht mit den Fingern vom Fleisch lösen. Gut die Hälfte der Würzbutter unter die Haut schieben und verteilen (**Bild 2**). Übrige Würzbutter in einem Pfännchen schmelzen und die Keulen außen damit bestreichen (**Bild 3**). Salzen und pfeffern.

3 Den Backofen auf 220° vorheizen. Die Kartoffeln waschen, gründlich abbürsten und je nach Größe halbieren oder vierteln. Paprikaschoten halbieren, putzen, waschen und in große Stücke schneiden. Tomaten waschen. Den restlichen Knoblauch in dicke Scheiben schneiden. Die übrigen Kräuter in grobe Zweige brechen.

4 Kartoffeln, Paprika, Knoblauch und Kräuter mit dem Öl mischen. Auf einem Backblech verteilen, salzen und pfeffern. Die Hähnchenkeulen darauflegen. Im heißen Ofen (Mitte, Umluft nicht empfehlenswert) ca. 10 Min. garen. Brühe und Wermut angießen und ca. 45 Min. weitergaren.

5 Die Tomaten und Oliven zum Gemüse geben und alles nochmals 15–25 Min. garen. Dabei das Gemüse zwischendurch gelegentlich mit Brühe begießen. Direkt vom Blech servieren.

Schweinemedaillons mit grüner Kruste

gästefein | *Zubereitung: ca. 25 Min.* | *Kühlen: ca. 1 Std.*
Backen: ca. 10 Min. | *Pro Portion: ca. 245 kcal*

Für 4 Personen

50 g Petersilie | 3 EL Kürbiskerne
2 EL Semmelbrösel
2 Msp. abgeriebene Bio-Zitronenschale
1 TL frisch gepresster Zitronensaft
50 g Butter | Salz | Pfeffer | 1 EL Öl
4 Schweinemedaillons (à ca. 80 g)

Außerdem:

Frischhaltefolie | ofenfeste Pfanne

1 Die Petersilie waschen, trocken tupfen und grob zerschneiden. Mit Kürbiskernen, Semmelbröseln, Zitronenschale und -saft sowie Butter im Mixer pürieren. Mit Salz und Pfeffer würzen. Die Masse zu einer Kugel formen, in Frischhaltefolie wickeln und im Kühlschrank in ca. 1 Std. fest werden lassen.

2 Den Backofen auf 250° vorheizen. Das Öl in der Pfanne erhitzen. Medaillons salzen, pfeffern und darin von jeder Seite ca. 2 Min. anbraten. Vom Herd nehmen. Petersilienbutter auswickeln und vierteln. Ein Viertel auf jedes Medaillon setzen und flach drücken.

3 Die Pfanne mit den Medaillons in den heißen Ofen (oben, Umluft nicht empfehlenswert) schieben. Grill zuschalten und die Medaillons ca. 10 Min. überbacken. Dazu passt perfekt das Kartoffelgratin von S. 85.

Rinderfilet mit Zwiebelhaube

sonntagstauglich | *Zubereitung: ca. 30 Min.* | *Kühlen:*
ca. 1 Std. | *Backen: ca. 12 Min.* | *Pro Portion: ca. 315 kcal*

Für 4 Personen

200 g Zwiebeln | 75 g Butter
1 TL Kräuter der Provence | 1 TL körniger Senf
3 EL Semmelbrösel | Salz | Pfeffer
1 EL Öl | 4 dicke Rinderfilets (à ca. 90 g)

Außerdem:

Frischhaltefolie | ofenfeste Pfanne

1 Die Zwiebeln schälen, längs halbieren, in feine Streifen schneiden und in ca. 2 EL Butter goldbraun anbraten. Kräuter der Provence einrühren, vom Herd nehmen und abkühlen lassen. Übrige Butter, Senf und Semmelbrösel mit einer Gabel vermengen. Salzen, pfeffern, die abgekühlten Zwiebeln untermischen. Zu einer Kugel formen, in Frischhaltefolie wickeln und im Kühlschrank in ca. 1 Std. fest werden lassen.

2 Ofen auf 250° vorheizen. Das Öl in der Pfanne erhitzen. Die Filets salzen, pfeffern und darin von jeder Seite 2–3 Min. anbraten. Vom Herd nehmen. Die Zwiebelbutter auswickeln und vierteln. Ein Viertel auf jedes Filet setzen und flach drücken. Die Pfanne mit den Filets in den heißen Backofen (oben, Umluft nicht empfehlenswert) schieben. Den Grill zuschalten und die Filets ca. 12 Min. überbacken. Mit grünem Salat und Baguette servieren.

im Bild: Schweinemedaillons mit grüner Kruste

Süß und lecker

Bei Fruchtgratins und luftigen, süßen Hauptgerichten werden Kindheitserinnerungen wach. Und das Schöne dabei: Endlich darf man sich richtig daran satt essen!

4 Personen | 4 Gratin-
schälchen

500 g Aprikosen
100 g Löffelbiskuits
3 EL Mandellikör (Amaretto, ersatzweise frisch gepresster Orangensaft)
80 g Marzipanrohmasse
2 Eier
3 EL Zucker
Butter für die Förmchen

Aprikosen-Marzipan-Gratin

raffiniert | *im Bild links*
Zubereitung: ca. 25 Min. | *Backen: ca. 15 Min.* | *Pro Portion: ca. 355 kcal*

1 Die Aprikosen mit kochendem Wasser übergießen, kurz ziehen lassen und mit einem spitzen Messer häuten. Die Früchte vierteln und entkernen.

2 Den Backofen auf 180° vorheizen, die Förmchen fetten. Die Biskuits zerbröseln (s. S. 107). Die Brösel in den Förmchen verteilen und mit Likör beträufeln. Die Aprikosen darauf verteilen. Marzipan auf einer Rohkostreibe fein reiben.

3 Eier trennen, die Eiweiße mit 1 EL Zucker steif schlagen. Die Eigelbe mit 2 EL Zucker und Marzipan mit den Schneebesen des Handrührgeräts cremig weiß aufschlagen. Den Eischnee unterziehen und die Masse auf den Aprikosen verteilen. Im heißen Ofen (Mitte, Umluft 160°) ca. 15 Min. backen.

Bratäpfel

weihnachtlich | *Zubereitung: ca. 20 Min.*
Backen: ca. 35 Min. | *Pro Portion: ca. 315 kcal*

Für 6 Personen | 1 flache Auflaufform

6 große Äpfel (z. B. Boskop)
1 TL frisch gepresster Zitronensaft
200 g Spekulatiuskekse | 60 g Rosinen
3 EL Preiselbeerkompott (ersatzweise Johannis-
beergelee) | 3 EL Rum (nach Belieben)
Butter zum Belegen und für die Form

Außerdem:

Gefrierbeutel | Nudelholz

1 Den Backofen auf 200° vorheizen, die Form
fetten. Die Äpfel waschen und trocken reiben. Das Kerngehäuse mit einem Apfel-
ausstecher oder einem Messer großzügig
herausschneiden. Die Äpfel innen dünn
mit Zitronensaft auspinseln.

2 Die Kekse in den Gefrierbeutel füllen, diesen
verschließen und die Kekse mit dem Nudelholz grob zerdrücken. Die Brösel mit Rosinen, Preiselbeerkompott und nach Belieben
Rum mischen. Die Mischung in die Äpfel
füllen. Auf jeden Apfel ein Stückchen Butter
legen. Die Äpfel in die Form setzen und
im heißen Backofen (Mitte, Umluft 180°)
30–35 Min. garen. Heiß mit kalter Vanillesauce (s. S. 115) oder Vanilleeis servieren.

Clever variieren

Für **Äpfel mit Schuss** die Rosinen oder die gleiche
Menge getrocknete Cranberrys 1–2 Tage vorher in
80 ml Rum marinieren.

Baiser-Pfirsiche

sommerlich | *Zubereitung: ca. 25 Min.*
Backen: ca. 15 Min. | *Pro Portion: ca. 280 kcal*

Für 4 Personen | 1 große Auflaufform

4 reife Pfirsiche
2 EL Puderzucker
2 EL Mandellikör (Amaretto, ersatzweise
frisch gepresster Orangensaft)
80 g Amaretti (ital. Mandelmakronen)
3 Eiweiße | 100 g Zucker

Außerdem:

Gefrierbeutel | Nudelholz

1 Die Pfirsiche mit kochendem Wasser übergießen, kurz ziehen lassen und häuten.
Die Früchte halbieren und entkernen.
Puderzucker in eine beschichtete Pfanne
streuen und erhitzen. Sobald er zu schmelzen beginnt, die Pfirsiche mit der Schnittfläche nach unten hineinlegen und ca.
2 Min. karamellisieren lassen. Herausnehmen und mit der Schnittfläche nach oben
in die Form setzen. Mit Likör beträufeln.

2 Den Backofen auf 180° vorheizen. Die Amaretti in den Gefrierbeutel füllen und mit
dem Nudelholz (oder einem schweren
Gegenstand) fein zerbröseln. Eiweiße steif
schlagen, dabei nach und nach den Zucker
einrieseln lassen. Die Amarettibrösel unter
den Eischnee heben und ein Häufchen
Baiser auf jeden Pfirsich setzen. Im heißen
Backofen (Mitte, Umluft 160°) 10–15 Min.
überbacken.

Trauben-Sekt-Gratin

edles Herbstdessert | *Zubereitung: ca. 30 Min.*
Backen: ca. 15 Min. | *Pro Portion: ca. 370 kcal*

Für 4 Personen | 4 flache Gratinschälchen

250 g grüne Trauben
100 g Brombeeren
150 ml trockener Sekt
3 Eigelbe | 3 EL Zucker
1 Päckchen Vanillezucker
200 g Sahne
Butter für die Förmchen

1 Die Trauben waschen, von den Rispen zupfen, halbieren und bei Bedarf entkernen. Brombeeren waschen und trocken tupfen. Den Backofen auf 200° vorheizen, die Förmchen mit wenig Butter fetten. Trauben und Beeren auf die Förmchen verteilen.

2 Sekt, Eigelbe, Zucker und Vanillezucker in einer Metallschüssel mit dem Schneebesen verquirlen. Wenig Wasser in einem Topf erhitzen, die Schüssel einhängen und die Eiermasse über dem Wasserbad in 8–10 Min. zu einer luftigen Creme aufschlagen. Die Schüssel vom Topf nehmen, in eine Schüssel mit kaltem Wasser hängen und mit dem Schneebesen kalt schlagen.

3 Die Sahne steif schlagen und unter die abgekühlte Creme heben. Die Creme auf den Früchten verteilen und im heißen Backofen (Mitte, Umluft 180°) in 12–15 Min. goldgelb backen.

Mango-Himbeer-Gratin

exotisch | *Zubereitung: ca. 25 Min.*
Backen: ca. 15 Min. | *Pro Portion: ca. 470 kcal*

Für 4 Personen | 4 flache Gratinschälchen

2 reife Mangos | 200 g Himbeeren
5 EL Kokoslikör (z. B. Batida de Coco)
5 EL Kokosflocken | 3 Eier
Salz | 3 EL Zucker
2 EL Vanille-Puddingpulver
150 g Crème fraîche
abgeriebene Schale von 1/2 Bio-Limette
Butter für die Förmchen

1 Die Mangos schälen, das Fruchtfleisch längs in schmalen Scheiben vom Stein schneiden. Die Scheiben längs halbieren. Himbeeren waschen und trocken tupfen. Den Backofen auf 220° vorheizen, die Förmchen fetten. Die Mangospalten dachziegelartig in die Förmchen schichten und die Himbeeren darauf verteilen. Mit 3 EL Likör beträufeln und mit 2 EL Kokosflocken bestreuen.

2 Die Eier trennen und die Eiweiße mit einer Prise Salz steif schlagen. Die Eigelbe und den Zucker mit den Schneebesen des Handrührgeräts cremig weiß aufschlagen. Puddingpulver, Crème fraîche, Limettenschale und 2 EL Likör unterrühren. Den Eischnee und 3 EL Kokosraspel unterheben.

3 Die Creme auf den Früchten verteilen und im heißen Backofen (Mitte, Umluft 200°) in ca. 15 Min. goldbraun gratinieren.

Schokoladensoufflés

luftig duftig | *Zubereitung: ca. 30 Min.* | *Backen: ca. 40 Min.* | *Pro Portion: ca. 295 kcal*

Für 6 Personen
6 Souffléförmchen
oder ofenfeste Tassen

50 g Butter
50 g Mehl
50 g Zartbitterschokolade
250 ml Milch
1/2 TL Instant-Kaffeepulver
30 g Kakaopulver
5 Eier
70 g Zucker
Mehl und Zucker
  für die Förmchen

Clever variieren

Soufflé mit Pfiff: anstelle von Kaffeepulver 1/2 TL Chilipulver oder 1 fein gehackte rote Chilischote unterrühren.

1 Butter und Mehl gut verkneten und 10 Min. in den Kühlschrank stellen. Inzwischen die Schokolade hacken. Milch in einem Topf erhitzen, Kaffee- und Kakaopulver einrühren. Die Schokolade zugeben und unter Rühren schmelzen lassen. Die Schokomilch zum Kochen bringen und die Mehlbutter flöckchenweise einrühren, bis eine cremige Masse entsteht. Vom Herd nehmen und 1 Ei unterrühren.

2 Den Backofen auf 200° vorheizen, die Fettpfanne mit Wasser füllen (s. S. 35) und unten einschieben. Die Förmchen fetten und mit Zucker ausstreuen. 4 Eier trennen und die Eiweiße mit dem Zucker steif schlagen. Die Eigelbe einzeln unter die Schokocreme rühren, dann den Eischnee unterheben.

3 Die Masse bis ca. 1 cm unter den Rand in die Förmchen füllen. Die Soufflés sofort ins heiße Wasserbad in den Backofen (unten, Umluft nicht empfehlenswert) stellen und 35–40 Min. garen.

Zimtstern-Soufflés

weihnachtliches Dessert | *Zubereitung: ca. 30 Min.* | *Backen: ca. 40 Min.* | *Pro Portion: ca. 265 kcal*

Für 6 Personen
6 Souffléförmchen
oder ofenfeste Tassen

40 g Butter
40 g Mehl
150 ml Milch
1 1/2 TL Lebkuchengewürz
1 TL Zimtpulver
1 Päckchen Vanillezucker
4 Eier | 2 EL Zucker
60 g gemahlene Haselnüsse
2–3 EL Mandellikör (Amaretto,
    nach Belieben)
Butter und Zucker
    für die Förmchen
Puderzucker zum Bestäuben

1 Butter und Mehl gut verkneten und 10 Min. in den Kühlschrank stellen. Milch in einem Topf erhitzen. Lebkuchengewürz, Zimt und Vanillezucker unterrühren und zum Kochen bringen. Die Mehlbutter flöckchenweise einrühren, bis eine cremige Masse entsteht. Vom Herd nehmen.

2 Den Backofen auf 200° vorheizen, die Fettpfanne mit Wasser füllen (s. S. 35) und unten einschieben. Die Förmchen fetten und mit Zucker ausstreuen. Die Eier trennen, die Eiweiße mit Zucker steif schlagen. Die Eigelbe einzeln in die Zimtcreme rühren, Nüsse und nach Belieben Likör einrühren. Den Eischnee unterheben.

3 Die Masse bis ca. 1 cm unter den Rand in die Förmchen füllen. Soufflés sofort ins heiße Wasserbad in den Ofen (unten, Umluft nicht empfehlenswert) stellen, 35–40 Min. garen. Sofort mit Puderzucker bestäuben und servieren.

Süße Cassata-Cannelloni

Dessertsünde all'italiana | *Zubereitung: ca. 25 Min.*
Backen: ca. 40 Min. | *Pro Portion: ca. 650 kcal*

Für 4–6 Personen | 1 kleine Auflaufform

4 EL kandierte Früchte (Fruchtmix)
2 Orangen | 500 g Ricotta
2 EL Orangenlikör (nach Belieben,
  ersatzweise Orangensaft)
150 g Zucker | 1/2 TL Zimtpulver
4 Eier | 60 g gehackte Mandeln
400 ml Milch
12 Cannelloni-Nudelröhren

1 Die kandierten Fruchtwürfel etwas feiner
   hacken. Die Orangen heiß waschen und
   trocknen. Die Früchte mit einem scharfen
   Messer dick schälen, dabei die weiße Haut
   mit entfernen. Den Saft auffangen. Das
   Fruchtfleisch fein würfeln, dabei eventuelle
   Kerne entfernen.

2 Den Backofen auf 190° vorheizen. Ricotta,
   Likör oder Orangensaft, 100 g Zucker, Zimt
   und 1 Ei gut verrühren. Orangenfrucht-
   fleisch, kandierte Früchte und die Hälfte
   der Mandeln unterheben. Die Ricottacreme
   in die Cannelloniröhren füllen. Die Röhren
   nebeneinander in die Form legen.

3 Die Milch mit 50 g Zucker und 3 Eiern gut
   verquirlen. Die Mischung über die Cannelloni gießen und mit den übrigen Mandeln
   bestreuen. Im heißen Backofen (Mitte, Umluft 175°) in ca. 40 Min. goldbraun backen.

Kirsch-Clafoutis

Klassiker aus Frankreich | *Zubereitung: ca. 30 Min.*
Backen: ca. 35 Min. | *Pro Portion: ca. 535 kcal*

Für 6–8 Personen (8 Stück)
1 große Auflaufform oder Porzellan-
Tarteform (ca. 28 cm Ø)

1 kg Kirschen | 4 Eier | 150 g Zucker
1 Päckchen Vanillezucker
200 g Crème fraîche | 125 g Mehl
125 g gemahlene Mandeln | 180 ml Milch
2 EL Kirschwasser (nach Belieben)
1/4 TL Zimtpulver
1 Msp. gemahlene Nelken
Butter für die Form
Puderzucker zum Bestäuben

1 Kirschen waschen und entsteinen. Eier mit
   Zucker und Vanillezucker mit dem Hand-
   rührgerät cremig weiß aufschlagen. Crème
   fraîche einrühren. Nach und nach erst Mehl
   und Mandeln, dann Milch, nach Belieben
   Kirschwasser, Zimt und Nelken unterheben.

2 Ofen auf 200° vorheizen, die Form fetten.
   Den Teig einfüllen, die Kirschen darauf verteilen. Im heißen Ofen (Mitte, Umluft 180°)
   in ca. 35 Min. goldbraun backen. Den Clafoutis mit Puderzucker bestäuben und heiß
   mit kalter Vanillesauce (s. S. 115) oder einer
   Kugel Vanille- oder Mandeleis servieren.

Clever variieren

Am besten schmeckt der Clafoutis mit dunklen,
reifen Herzkirschen. Außerhalb der Saison eignen
sich aber auch **Aprikosen, Pflaumen** oder **Äpfel** ganz
wunderbar für diese französische Spezialität.

Zwetschgen-Ingwer-Crumble mit Vanillesauce

Klassiker | *Zubereitung: ca. 45 Min.* | *Backen: ca. 40 Min.* | *Pro Portion: ca. 890 kcal*

Für 4 Personen
1 große Auflaufform oder
Porzellan-Tarteform (26 cm Ø)

Für die Sauce:

1 Vanilleschote
500 ml Milch
2 frische Eier
3 EL Zucker
1 EL Speisestärke

Für den Crumble:

80 g kandierter Ingwer
90 g Walnusskerne
175 g Mehl
100 g brauner Zucker
1 TL Zimtpulver
125 g kalte Butter
750 g Zwetschgen
3 EL Orangenlikör
(nach Belieben)
Butter für die Form

1 Für die Sauce die Vanilleschote längs aufschlitzen und das Mark mit einem Messer herausschaben. Mark, Schote und 450 ml Milch in einem Topf mischen und erhitzen. Bei mittlerer Hitze ca. 5 Min. leicht köcheln lassen. Übrige Milch, Eier, Zucker und Stärke mit dem Schneebesen gut verquirlen. In die kochende Milch gießen und leicht aufkochen lassen, dabei kräftig mit dem Schneebesen rühren (**Bild 1**). Die Sauce vom Herd nehmen und abkühlen lassen. Vor dem Servieren die Vanilleschote entfernen.

2 Für den Crumble den kandierten Ingwer fein hacken. Ca. ein Drittel Walnüsse grob zerbrechen oder hacken, den Rest fein hacken. Fein gehackte Nüsse, Mehl, Zucker und Zimt mischen. Die Butter in Stücke schneiden. Die Stücke zuerst mit dem Messer unter die Mehlmischung hacken (**Bild 2**). Dann alles mit den Händen zügig zu Bröseln verreiben (**Bild 3**). Die Brösel kühl stellen.

3 Den Backofen auf 200° vorheizen, die Form mit Butter fetten. Die Zwetschgen waschen, längs halbieren und entsteinen. Mit der Schnittfläche nach oben in der Form auslegen. Nach Belieben mit Likör beträufeln. Die Ingwer- und Nussstücke darauf verteilen und mit den Teigbröseln bestreuen. Den Crumble im heißen Ofen (Mitte, Umluft 180°) in ca. 40 Min. goldbraun backen. Heiß oder kalt mit der Vanillesauce servieren.

Besonders clever!

Die **Vanillesauce** können Sie schon **am Vortag zubereiten** und über Nacht zugedeckt im Kühlschrank aufbewahren. Dann schön kalt zum heißen Crumble reichen.

Clever variieren

Wer Außergewöhnliches liebt, streut anstelle von Ingwer einmal ca. 1 TL gehackte **Rosmarinnadeln** und etwas grob gemahlenen **schwarzen Pfeffer** über die Zwetschgen.

Reicher Apfel-Bettelmann

Klassiker auf neue Art | *Zubereitung: ca. 40 Min.*
Backen: ca. 35 Min. | *Pro Portion: ca. 930 kcal*

Für 6 Personen | 1 große Auflaufform

1 Hefezopf (vom Vortag) | 75 g Butter | 1 kg
säuerliche Äpfel (z. B. Boskop) | 70 g Rosinen
4 EL Rum (nach Belieben) | 1 TL Zimtpulver
6 Eier | Salz | 400 ml Milch | 150 g Zucker
250 g Mascarpone | 2 EL Vanille-Puddingpulver
5 EL Mandelstifte | Butter für die Form

1 Den Hefezopf erst in ca. 2 cm dicke Scheiben, dann in Würfel schneiden. Jeweils 1–2 EL Butter in einer Pfanne erhitzen und die Zopfwürfel darin portionsweise nacheinander goldgelb anbraten. Herausnehmen und auf Küchenpapier abtropfen lassen.

2 Ofen auf 200° vorheizen, die Form fetten. Äpfel schälen, vierteln und ohne Kerngehäuse in schmale Spalten schneiden. Sofort mit Rosinen, nach Belieben Rum und Zimt mischen. Die Eier trennen, die Eiweiße mit einer Prise Salz steif schlagen. Die Milch mit 75 g Zucker und 3 Eigelben verquirlen.

3 Zopfwürfel, Äpfel und Eiermilch mischen. Die Hälfte vom Eischnee unterheben, in die Form füllen. Mascarpone, 3 Eigelbe, 75 g Zucker und Puddingpulver verrühren. Den restlichen Eischnee unterziehen. Die Masse auf dem Auflauf verteilen, mit Mandelstiften bestreuen. Im heißen Ofen (Mitte, Umluft 180°) in 30–35 Min. goldbraun backen.

Klassische Variante

Als Bettelmann, Ofenschlupfer oder Scheiterhaufen kennen zahlreiche Regionalküchen in Süddeutschland und Österreich diese preiswerte Resteverwertung. *Für 4 Personen* | 6 altbackene Brötchen in Scheiben schneiden. 600 g Äpfel schälen, entkernen und in Stücke schneiden. Beides abwechselnd dachziegelartig in eine kleine gefettete Auflaufform schichten. Nach Belieben mit 50 g Rosinen bestreuen. 350 ml Milch mit 60 g Zucker, 1 TL Zimtpulver und 4 Eiern gut verquirlen. Über den Auflauf gießen und 10 Min. ziehen lassen. Im auf 200° vorgeheizten Backofen (Mitte, Umluft 180°) in 30–40 Min. goldbraun backen.

Lebkuchen-Bettelmann

Für 4 Personen | 300 g gemischtes Backobst in kleine Stücke schneiden und über Nacht in 150 ml Apfelsaft und nach Belieben 5 EL Rum einweichen. 250 g holländischen Honigkuchen (Frühstückskuchen) in knapp 1 cm dicke Scheiben schneiden. Eine kleine gefettete Auflaufform mit der Hälfte Honigkuchen auslegen. Die Trockenfrüchte darauf verteilen und mit dem übrigen Honigkuchen bedecken. 200 g Sahne mit 300 ml Milch, 80 g Zucker, 1 TL Lebkuchengewürz und 4 Eiern verquirlen. Über den Auflauf gießen, mit 60 g Mandelblättchen bestreuen und 10 Min. ziehen lassen. Im auf 180° vorgeheizten Backofen (Mitte, Umluft 160°) in ca. 45 Min. goldbraun backen. Mit Puderzucker bestäubt servieren.

Clever servieren

Zu allen drei Aufläufen passt perfekt eine **kalte Vanillesauce** (s. S. 115).

Birnen-Grieß-Auflauf

herbstlich fein | *Zubereitung: ca. 25 Min.*
Backen: ca. 55 Min. | *Pro Portion: ca. 655 kcal*

Für 4–6 Personen | 1 große Auflaufform

3 reife Birnen (ca. 500 g) | 1 EL frisch gepresster Zitronensaft | 100 g Zucker | 500 ml Milch
100 g Grieß | 150 g Mohnback (Fertigprodukt)
3 EL Mandellikör (Amaretto, ersatzweise
  2–3 Tropfen Bittermandelöl)
4 Eier | Salz | 400 g Schmant
Butter für die Form

1 Die Birnen schälen, vierteln und das Kerngehäuse entfernen. Die Viertel quer in dünne Scheiben schneiden. Mit Zitronensaft und 1 EL Zucker mischen.

2 Den Backofen auf 180° vorheizen, die Form fetten. Milch mit 2 1/2 EL Zucker aufkochen. Grieß, Mohnback und Likör unterrühren. Vom Herd nehmen und 5 Min. quellen lassen. Eier trennen, die Eiweiße mit einer Prise Salz steif schlagen. 1 Eigelb, ein Viertel vom Eischnee und die Hälfte der Birnen unter den Grieß heben. Die Masse in die Form füllen. Die übrigen Birnen darauf verteilen und leicht eindrücken. Im heißen Backofen (Mitte, Umluft 160°) 20 Min. backen.

3 Inzwischen 3 Eigelbe mit dem übrigen Zucker und dem Schmant verrühren. Den restlichen Eischnee unterheben. Den Auflauf aus dem Ofen nehmen und die Schmantcreme darauf verteilen. Den Auflauf in weiteren 30–35 Min. fertig backen. Warm oder kalt servieren.

Hirse-Bananen-Auflauf

Sattmacher | *Zubereitung: ca. 25 Min.*
Backen: ca. 35 Min. | *Pro Portion: ca. 600 kcal*

Für 4–6 Personen | 1 kleine Auflaufform

200 g Hirse | 4 EL Rosinen | 400 ml Milch
1 Päckchen Vanillezucker | Salz
4 Bananen | 2 EL Butter | 1/2 TL Zimtpulver
2 EL Zitronensaft | 2 EL Honig | 4 Eier
100 g Sahne | 150 g Zucker

1 Hirse, Rosinen, Milch, Vanillezucker und 1 Prise Salz in einem Topf mischen. Aufkochen und bei schwacher Hitze 10 Min. quellen lassen. Vom Herd nehmen, mit einer Gabel auflockern. Bananen längs halbieren und in 1 1/2 EL Butter ca. 2 Min. anbraten. Mit der Hälfte Zimt bestäuben, mit Zitronensaft und Honig beträufeln. Wenden und 2 Min. weiterbraten. Vom Herd nehmen.

2 Ofen auf 180° vorheizen, die Form mit der übrigen Butter fetten. Eier trennen, Eiweiße mit einer Prise Salz steif schlagen. Die Eigelbe mit Sahne, 50 g Zucker und übrigem Zimt verquirlen. Die Hirse untermischen und ein Drittel vom Eischnee unterheben. Die Masse in die Form füllen und im heißen Backofen (Mitte, Umluft 180°) ca. 20 Min. garen.

3 100 g Zucker mit dem übrigen Eischnee zu Baiser verschlagen. Die Bananen auf den Auflauf legen und das Baiser daraufstreichen. Den Auflauf 10–15 Min. weiterbacken, bis die Baisermasse hell gebräunt ist.

Orangen-Reis-Auflauf
mit Karamellkruste

schmeckt nach Süden | Zubereitung: ca. 40 Min. | Backen: ca. 40 Min. | Pro Portion: ca. 750 kcal

Für 4–6 Personen
1 große Auflaufform

1 Vanilleschote
1 l Milch
300 g Rundkornreis
150 g Zucker
3 Bio-Orangen
80 g Mandelstifte
3 EL gehacktes Orangeat
3 EL Butter
4 Eier
2 Msp. Zimtpulver
3 EL Orangenlikör
  (nach Belieben)
2 EL Puderzucker

Clever variieren

Lassen Sie die Karamellkruste einfach weg, und garen Sie den Reisauflauf ca. 40 Min. bei 180° (Mitte, Umluft 160°). Den Auflauf bei Bedarf nach ca. 20 Min. mit Alufolie abdecken. Vor dem Servieren mit 2–3 EL **Orangenblütenwasser** beträufeln.

1 Die Vanilleschote längs aufschlitzen und das Mark mit einem Messer herausschaben. Mark, Schote, Milch, Reis und 75 g Zucker in einem Topf mischen. Einmal aufkochen lassen und zugedeckt bei schwacher Hitze ca. 20 Min. garen. Dabei gelegentlich umrühren, damit der Reis nicht anhängt. Vom Herd nehmen und leicht auskühlen lassen, die Vanilleschote entfernen.

2 Inzwischen die Orangen heiß waschen und trocknen. Von 1 Frucht die Schale dünn abreiben. Dann alle Orangen dick schälen, dabei die weiße Haut mit entfernen. Die Filets zwischen den Trennhäutchen herausschneiden, dabei den Saft auffangen. Die Mandelstifte in einer Pfanne ohne Fett hellbraun rösten. Das Orangeat etwas feiner hacken.

3 Den Backofen auf 180° vorheizen, die Form mit knapp 1 EL Butter fetten. Die Eier trennen, die Eiweiße steif schlagen. Dabei nach und nach 75 g Zucker einrieseln lassen. Die Eigelbe, ca. 1 TL Orangenschale, Orangensaft, Mandeln, Orangeat, Zimt und nach Belieben Likör in den Reis rühren. Die Orangenfilets und den Eischnee unterheben. Die Reismasse in die Form füllen und im heißen Ofen (Mitte, Umluft 160°) ca. 25 Min. garen.

4 Die übrige Butter schmelzen und auf den Auflauf träufeln, den Puderzucker darüberstreuen. Die Ofentemperatur auf 200° erhöhen und den Auflauf ca. 15 Min. weiterbacken, bis die Oberfläche knusprig karamellisiert ist.

Unsere Garantie

Alle Informationen in diesem Ratgeber sind sorgfältig und gewissenhaft geprüft. Sollte dennoch einmal ein Fehler enthalten sein, schicken Sie uns das Buch mit dem entsprechenden Hinweis an unseren Leserservice zurück. Wir tauschen Ihnen den GU-Ratgeber gegen einen anderen zum gleichen oder einem ähnlichen Thema um.

Liebe Leserin und lieber Leser,

wir freuen uns, dass Sie sich für ein GU-Buch entschieden haben. Mit Ihrem Kauf setzen Sie auf die Qualität, Kompetenz und Aktualität unserer Ratgeber. Dafür sagen wir Danke! Wir wollen als führender Ratgeberverlag noch besser werden. Daher ist uns Ihre Meinung wichtig. Bitte senden Sie uns Ihre Anregungen, Ihre Kritik oder Ihr Lob zu unseren Büchern. Haben Sie Fragen oder benötigen Sie weiteren Rat zum Thema? Wir freuen uns auf Ihre Nachricht!

GRÄFE UND UNZER VERLAG
Leserservice
Postfach 86 03 13
81630 München

Wir sind für Sie da!
Montag–Donnerstag: 8.00 – 18.00 Uhr
Freitag: 8.00 – 16.00 Uhr
Tel.: 0180 - 500 50 54*
Fax: 0180 - 501 20 54*
E-Mail: leserservice@graefe-und-unzer.de

*(0,14 €/Min. aus dem deutschen Festnetz, Mobilfunkpreise können abweichen)

GRÄFE
UND
UNZER

Ein Unternehmen der
GANSKE VERLAGSGRUPPE

P.S.: Wollen Sie noch mehr Aktuelles von GU wissen, dann abonnieren Sie doch unseren kostenlosen GU-Online-Newsletter und/oder unsere kostenlosen Kundenmagazine.

Die Autorin

Tanja Dusy arbeitet seit 2001 als Foodredakteurin im GRÄFE UND UNZER VERLAG. Die leidenschaftliche Köchin hat bereits mehr als 20 teilweise prämierte Kochbücher geschrieben. Für dieses Buch kreierte sie sowohl klassische als auch außergewöhnliche Ofengerichte aus aller Welt.

Die Fotografen

Das Studio **L'EVEQUE Tanja & Harry Bischof** (Styling & Fotografie) arbeitet seit Jahren intensiv für Werbung, Bücher und Zeitschriften im Foodbereich. In der Innenstadt Münchens kreieren sie im Team Foodaufnahmen in erfrischendem Licht und appetitanregendem, trendigem Styling.
Das Fotostudio dankt der Firma Radspieler, München, und »Le Bazar de Cuisine«, München, für das Ausleihen von Requisiten.

Bildnachweis

Titelbild: Klaus-Maria Einwanger, Rosenheim; alle anderen: Studio L'EVEQUE Tanja und Harry Bischof, München

Programmleitung: Doris Birk

Leitende Redakteurin: Stephanie Wenzel

Redaktion: Stefanie Hoyer

Lektorat: Petra Teetz

Korrektorat: Mischa Gallé

Innenlayout, Typographie und Umschlaggestaltung: Janine Polte bei independent Medien-Design, München

Satz: Knipping Werbung GmbH, Berg/Starnberg

Herstellung: Gloria Pall

Reproduktion: Longo AG, Bozen

Druck und Bindung: Printer, Trento

ISBN 978-3-8338-1437-2
1. Auflage 2009

GRÄFE
UND
UNZER

Ein Unternehmen der
GANSKE VERLAGSGRUPPE